おいしくアレンジ！
まいにち使える

江戸レシピ

奥村彪生の
豆腐百珍
卵百珍

奥村彪生

NHK出版

本書はＮＨＫまる得マガジン「江戸グルメ本に学べ！　ヘルシー豆腐活用術」（２０１７年９月・10月放送）、「江戸グルメ本に学べ！　万能　卵活用術」（２０１９年８月・９月放送）の放送テキストを加筆・修正のうえ、再構成したものです。

はじめに

日本人の食生活に欠かすことのできない、豆腐と卵。江戸時代にはすでにこの二大食材の料理書、レシピ集が出版されていました。『豆腐《とうふ》百珍《ひゃくちん》』（天明《てんめい》二年（１７８２）刊）は、都市部では身近になっていた豆腐の料理１００品を紹介したもので、単一の食材を主役に構成された初めての料理本です。食材はもちろん、調味料も調理器具も調理法も限られていた時代ですが、変わりもの好きで工夫好きな日本人の面目躍如、実にユニークでバラエティー豊かな豆腐料理がそろっています。

また、『豆腐百珍』に続いて刊行された『卵百珍《たまごひゃくちん》』（天明五年（１７８５）刊。正式名称は『万《まん》宝料理《ぽうりょうり》秘密箱《ひみつばこ》　前篇』）には、まだ卵が貴重品だった時代に、１０３種もの卵料理が紹介されています。

本書では、そんな先人の知恵が詰まった二冊の「百珍」を作りやすく現代的にアレンジ。日々のごはんのおかずに、酒の肴《さかな》に、お弁当に、と活躍間違いなしの豆腐料理、卵料理を紹介します。ぜひ、楽しみながら作り、味わってください。日本の食文化の奥深さにきっとびっくりしますよ。

奥村彪生

目次

『豆腐百珍』とは？

本書で紹介する豆腐料理のアイデアの元である『豆腐百珍』は、江戸時代後期・天明《てんめい》二年（1782）五月の刊行。著者は醒狂道人《すいきょうどうじん》何《か》必醇《ひつじゅん》、版元は大坂高麗橋の藤屋善七と記されています。著者名は今でいうペンネームで、大坂の篆刻《てんこく》家・曾谷学川《そやがくせん》とする説など諸説ありますが、いずれにせよ、料理人ではなく文人が著したもので、随所に遊び心がうかがえます。

80ページ余りの本の中に、豆腐を使った料理100品が、尋常品、通品、佳品、奇品、妙品、絶品の六つの項目に分けて紹介されています。とはいっても、料理の挿絵もありませんし、中には調理法すら記されていないものもありますが、それもまたよし。刊行時点でヒットを予想していたのかどうかは定かではありませんが、続編『豆腐百珍続篇』、続々編『豆腐百珍余録』も刊行されています。

江戸時代の人気料理本『豆腐百珍』の魅力は現代にも十分通用するもの。紹介されている豆腐料理のことだけでなく、江戸の人々の暮らしなど、いろいろと想像しながら読むのが楽しい一冊です。

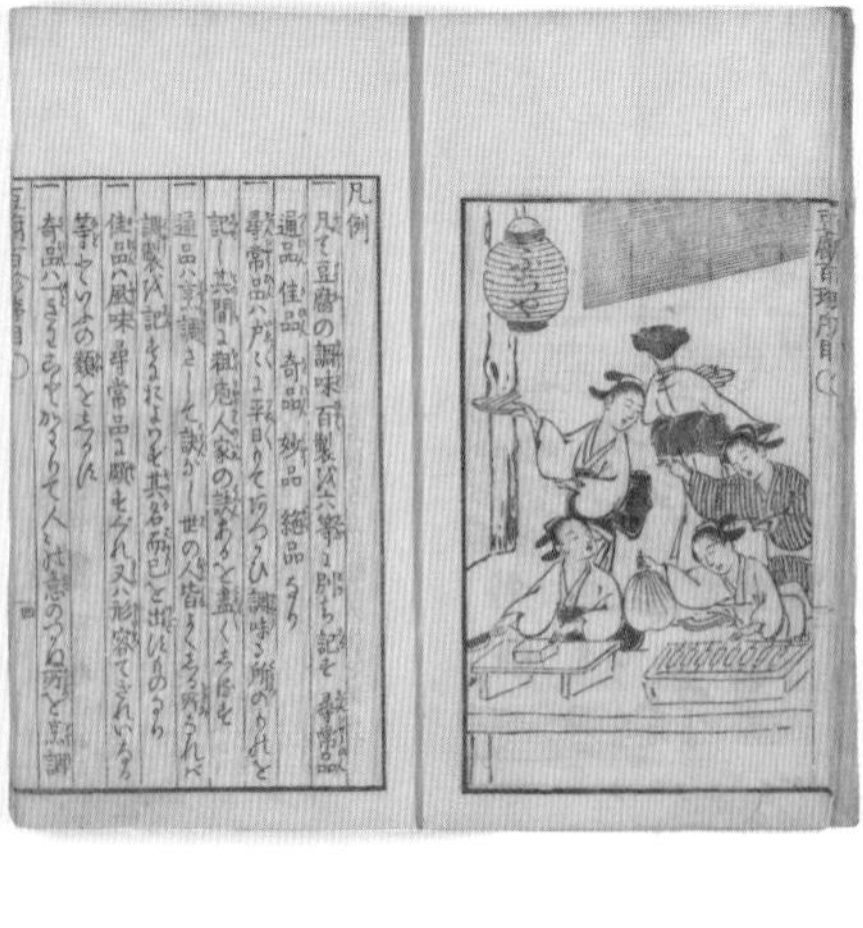
凡例

→『豆腐百珍』の挿絵と凡例。凡例には尋常品から絶品までランク分けをして紹介する旨が記されている。（国立国会図書館蔵）

『卵百珍』とは？

江戸時代の料理本ブームの口火を切った『豆腐百珍』から三年。天明五年（1785）に『万宝《まんぽう》料理《りょうり》秘密箱《ひみつばこ》 前篇』なる料理本が刊行されました。五巻五冊本で、鳥料理31品、川魚料理9品、そして卵料理103品が収められ、寛政《かんせい》六年（1794）の再刊の巻頭に「一名玉子百珍」と記載されたことから、以後『卵百珍』と呼ばれるように。

著者は器土堂《きとどう》主人。やはりペンネームですが、その正体は単なる文人ではなく料理人、しかも、長崎で卓袱《しっぽく》料理（長崎特有の料理。中国やオランダ系の料理が和風化したもの）を学んだ粋人。南蛮（ポルトガル系）料理の流れをくむものや季節感あふれるもの、遊び心たっぷりのお菓子など、惜しむことなく、詳しく材料の分量や作り方を披露しています。さらに驚くのは、当時、貴重で高価だった卵を惜しげもなく使っていること。料理を遊びとして楽しむ。江戸や大坂、京都などの都市で爛熟《らんじゅく》期を迎えた料理文化の一端を見ることができるようです。

↓（右）『万宝料理秘密箱 前篇』寛政七年（1795）刊の補刻版の見返しと序文。見返しには再版時に付せられた「一名玉子百珍」が見える。（左）本文部分。（国文学研究資料館蔵）

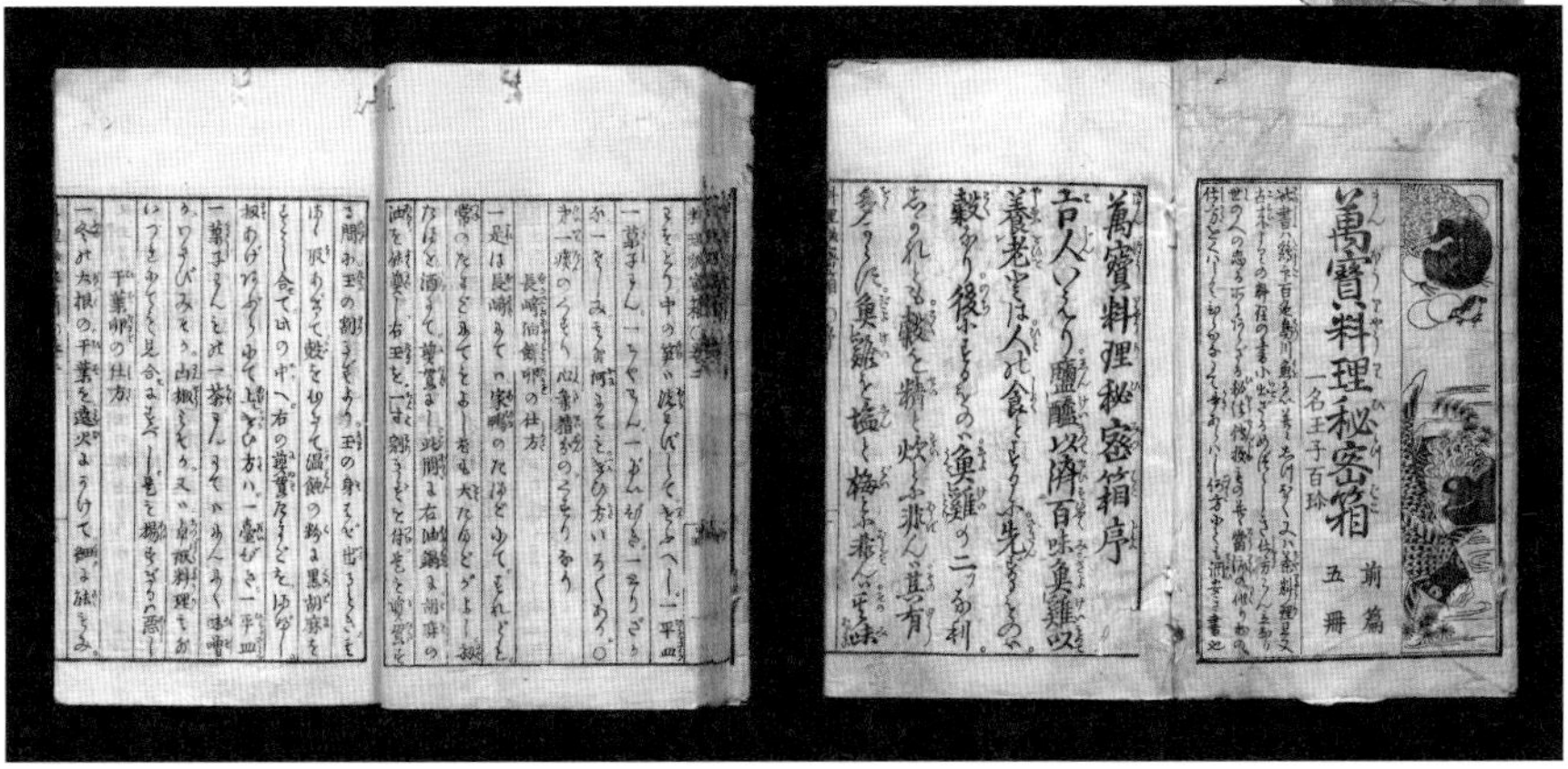

・本書のレシピは、『豆腐百珍』『卵百珍』をもとに、著者が現代の視点で再現またはアレンジしたものです。
・本書で使用している計量カップは200mℓ、計量スプーンは大さじ15mℓ、小さじは5mℓです。1mℓ＝1cc。
・本文中で表示した電子レンジの調理時間は600Wのものです。500Wの場合は、約1.2倍、700Wの場合は約0.8倍にしてください。
・保存期間は目安です。
・豆腐の大きさや硬さはメーカーにより異なるので、適宜調整してください。
・特に表記がない場合、卵はMサイズを使用しています。

『豆腐百珍』の引用にあたって

●国立国会図書館所蔵の版本（天明二年（1782）刊、版元・藤屋善七）を底本とし、適宜『料理百珍集』（原田信男校註・解説、八坂書房、2009年刊）の翻刻を参考にした。
●漢字は原則として新字体を用い、仮名づかいはふりがなを含め、歴史的仮名づかいのままとした。
●ふりがなの一部は追加・省略を、「〇」などの記号は省き、適宜句読点、「・」などを加えた。また、改行は任意の位置で行った。

『卵百珍』の引用にあたって

●『翻刻 江戸時代料理本集成』第五巻（吉井始子編、臨川書店、1980年刊）を底本とし、適宜『料理百珍集』を参考にした。
●漢字は原則として新字体を用い、仮名づかいはふりがなを含め、歴史的仮名づかいのままとした。
●ふりがなの一部は追加・省略した。文中の「。」の一部は省略、もしくは読点「、」に置き換えた。また、適宜句読点を加えた。

豆腐編

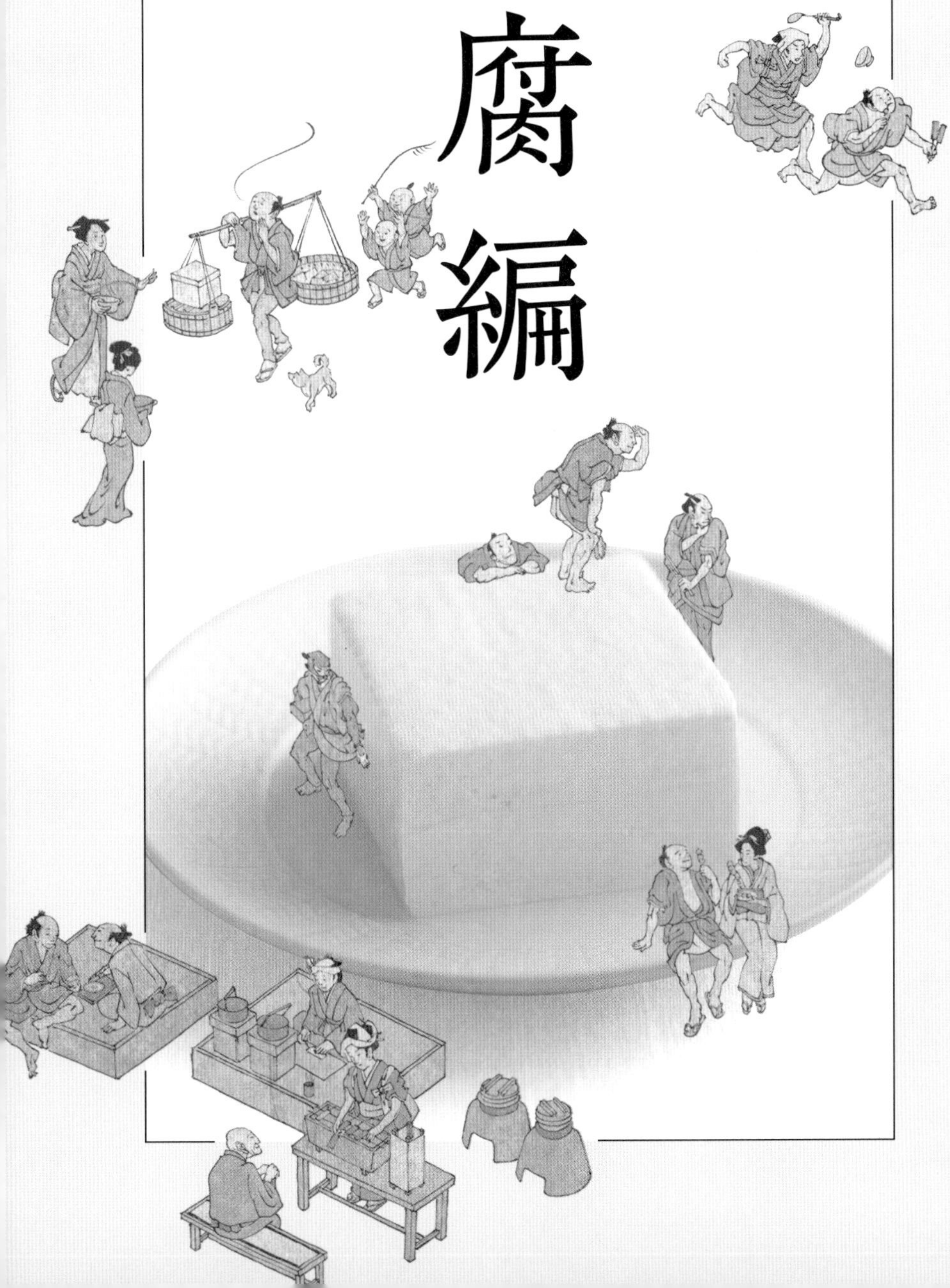

豆腐編

一、焼く

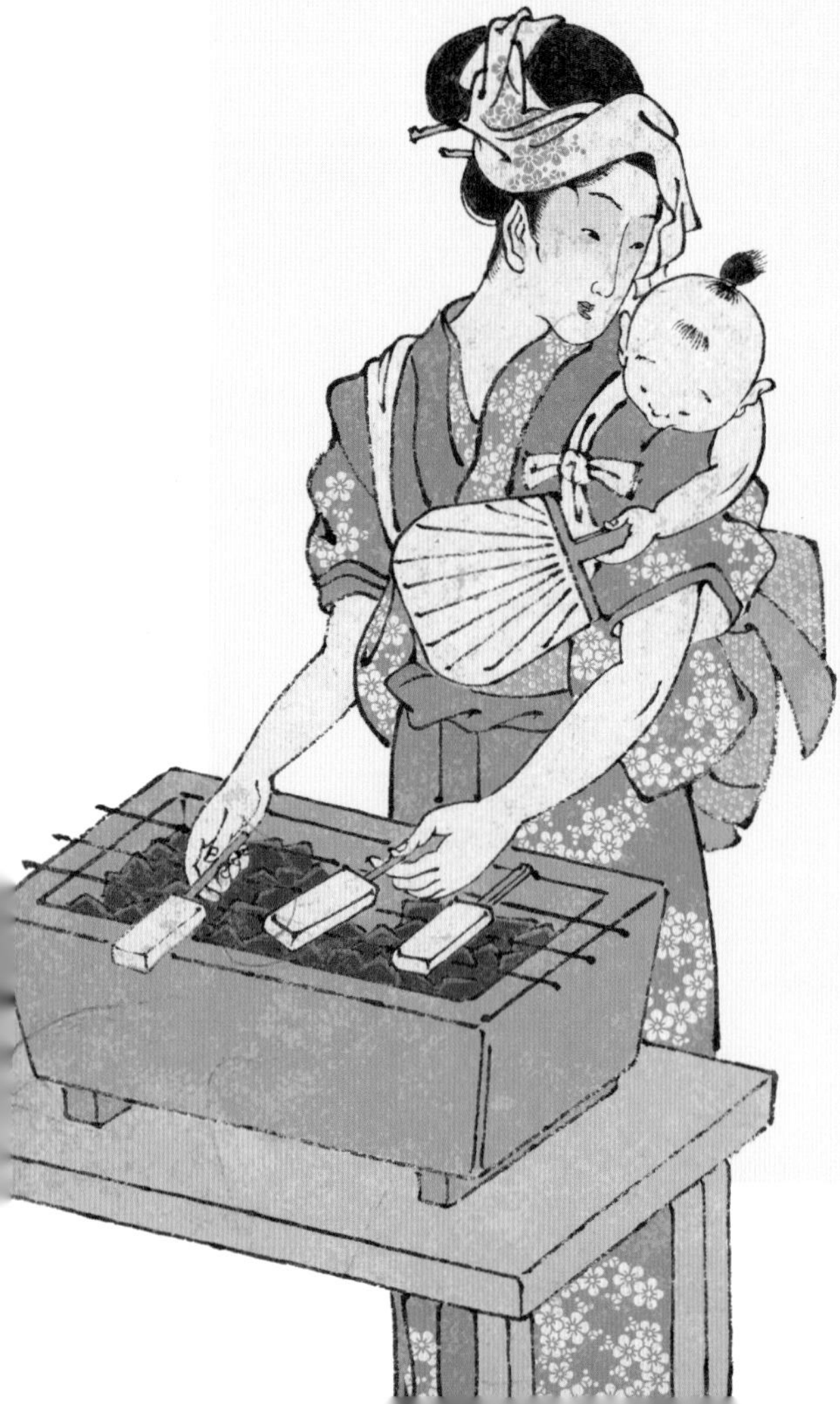

豆腐を中まで温め、
食感の変化、
香ばしさを演出。

『豆腐百珍』原本にみる
「鶏卵《たまご》でんがく」

たまごを剖《わ》り、
豆油《しやうゆ》と酒《さか》しほ少し入れ、
醋《す》を最少《もつとも》し加へ、よく攪《かきま》ぜ、
田楽にぬり炙《やき》にするなり。
ふくれるを度《ほど》とす。
罌粟《けし》と擦山葵《おろしわさび》をく。

現代語訳◎卵を割って、しょうゆと酒塩＊を少し、酢をごく少量加えてよくかき混ぜる。これを田楽に塗って、膨れてくるまで焼く。けしの実とおろしわさびをのせる。

＊酒に塩を混ぜて煮立たせ、冷ましたもの。

「焼く」ことは、「煮る」などと同様、最もシンプルな調理法です。豆腐を焼く料理といえば、串を打ち、みそを塗って焼く「豆腐田楽」を思い起こす人も多いはず。「豆腐田楽」は早くも南北朝期に京都の神社で作られ、室町、安土桃山時代を経て江戸時代後期には庶民の間でも愛される味に。炭火であぶった豆腐田楽の香ばしさは格別のものだったことでしょう。『豆腐百珍』にも、「田楽」とつくものが14品登場しています。

次ページからは、卵液を塗ってあぶる「鶏卵《たまご》でんがく」（上記参照）、しょうゆでつけ焼きにしてさらにみそをつけてあぶる「再炙《ふたたび》田楽」、そして、あまりに一般的なものなので調理法が記されなかった「炙《やき》豆腐」を現代風にアレンジ。すべてフライパンで調理します。豆腐は軽く水きりをし、中までしっかり温まるよう、中火でゆっくり焼くのが共通のポイント。香ばしさが食欲をそそります。

鶏卵《たまご》田楽

卵液をまとわせてピカタ風に

『豆腐百珍』では卵液を塗りながら炭火焼きしていたところを、卵液をまとわせてフライパン焼きに。洋食の趣たっぷりで、誰もが大好きな味わい。トマトソースはケチャップに替えても。

材料（2人分）

木綿豆腐 — ½丁（175g）
A
- しょうゆ — 小さじ2
- みりん — 小さじ1
- こしょう — 少々

小麦粉 — 大さじ½
卵 — 1コ
粉チーズ — 大さじ½
オリーブ油 — 大さじ2
トマトソース（市販。ピザソースでも可）— 適宜
イタリアンパセリ — 適宜

作り方

一、豆腐はペーパータオルで包んで水けをとり、縦に1cm幅に切る。ペーパータオルを敷いたバットに並べ、ペーパータオルで軽く押さえてさらに水けをとる。（a）

二、一のペーパータオルを外し、混ぜ合わせたAを全面にまぶして下味をつける。茶こしなどに小麦粉を入れ、上面だけに薄くまんべんなくふる。（b）

三、卵をボウルに割り入れて溶きほぐし、粉チーズを加えて混ぜる。（c）

四、フライパンにオリーブ油を入れて中火にかけ、三を約大さじ1ずつ小判状に広げる。（d）

五、卵液がぷくぷくと膨らんできたら、二を小麦粉をふった面を下にしてそれぞれにのせる。卵に薄く焼き色がついたら返し、焼き色がつくまでじっくりと焼いて（e）ペーパータオルにとる。器に盛り、好みでトマトソース、イタリアンパセリを添える。

a

b

c

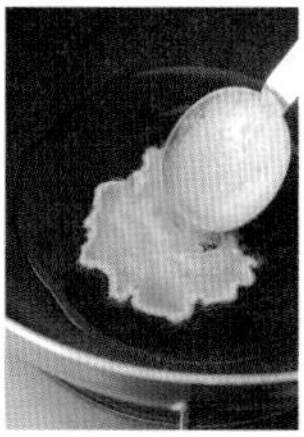
d

e

再炙《ふたたび》田楽

肉みそでボリュームアップ

本来は、しょうゆでつけ焼きし、みそをつけて再びあぶります。ここでは食欲をそそる肉みそをのせて。

材料（2人分）

木綿豆腐 — ½丁（175g）
しょうゆ — 小さじ1
肉みそ
豚ひき肉 — 50g
A しょうが（みじん切り）— 20g
　にんにく（みじん切り）— 10g
　青ねぎ（みじん切り）— 3本分
B みそ（中辛の米みそ）— 150g
　豆板醤 — 小さじ1〜1½
　砂糖 — 50g
　みりん — 大さじ4
　削り節（糸がき・細かくもむ）（小）— 1袋（3g）
ごま油 — 大さじ1
みょうがの酢漬け＊ — 適宜

＊みょうがをせん切りにして湯通しし、三杯酢（85ページ参照）に漬ける。

作り方

一、豆腐はペーパータオルで包んで水けをとる。横半分に切って、しょうゆをまぶす。

二、肉みそを作る。小鍋にごま油、A、ひき肉を入れ、弱火でひき肉が白っぽくなるまで炒める。Bを加えて混ぜ、中火にして2〜3分間、木べらなどで混ぜながら煮詰める。火を止めて別の容器に移して冷ます。

三、表面加工されたフライパンを中火にかけ、一の水けを拭き、並べ入れる。約2分間素焼きにして中まで温まったら返し、同様に焼く。器に盛り、肉みそを適量のせる。好みで、みょうがの酢漬けを添える。

炙《やき》豆腐

豆腐ステーキの薬味ソースがけ

豆腐を崩して、風味豊かなソースと混ぜながらどうぞ。メインのおかずにも酒の肴にもなる一品です。

材料（2人分）

木綿豆腐 — ½丁（175g）
えのきだけ — ½袋

薬味ソース

ベーコン（みじん切り）— 4枚分
ごま油 — 大さじ½
たまねぎ（みじん切り）— 50g
しょうが（みじん切り）— 30g
みょうが（みじん切り）— 2コ分
酢 — 大さじ2
砂糖 — 大さじ1½
しょうゆ — 大さじ1½
こしょう — 少々
一味とうがらし — 少々

ごま油 — 大さじ1
青ねぎ（小口切り）— 適量

作り方

一、豆腐はペーパータオルで包んで水けをとり、横半分に切る。

二、えのきだけは根元の堅い部分を除き、粗くほぐす。

三、薬味ソースのベーコン、ごま油をフライパンに入れて中火にかけ、ベーコンがカリカリになるまで加熱し、油ごとボウルに移す。粗熱が取れたら、薬味ソースの残りの材料を加えて混ぜる。

四、フライパンにごま油を入れて中火で熱し、**一**を並べ入れる。焼き色がしっかりついたら返して同様に焼き、ペーパータオルを敷いたバットなどにとる。

五、**四**のフライパンに**二**を入れ、火が通るまで焼く。

六、**四**、**五**を器に盛り、**三**をたっぷりとかける。その上に青ねぎをのせる。

豆腐編

二、炒める

淡泊な豆腐を
油で炒めて、
風味と食感に変化を。

『豆腐百珍』原本にみる「雷とうふ」

香油《ごまのあぶら》をゐりて、
豆腐をつかみ砕《くづ》して打《うち》入れ、
直《ぢき》に醤油をさし、調和《かげん》し、
葱白《ひともじしろね》のざく〳〵・おろし大根・
おろし山葵《わさび》うちこむ。
又《また》はすり山椒《さんしやう》もよし。

現代語訳◎ごま油を熱して、つかみ崩した豆腐を入れ、しょうゆで調味する。ざくざく切った白ねぎ、大根おろし、おろしわさび、もしくはすったさんしょうを入れる。

油を使って豆腐を「炒める」のは、現代ではごく当たり前のこと。『豆腐百珍』でも「香油」、つまりごま油で豆腐を炒める料理が登場しますが、当時、炒め物はさほど一般的ではなかったとされています。その第一の理由は、油の国内生産量が少なく、食用油は高級品であったこと。そして、うまみが豊富なだし、みそ、しょうゆを使って調理していたので、油に頼らずとも料理の味を構築することができたからとも考えられます。

今回は、今でも家庭料理として親しまれている「雷とうふ」（上記参照）、豆腐をそうめんと炒め合わせる「菽《とう》乳麪《ふめん》」、豆腐を青菜と炒め合わせる「砕《くだき》とうふ」を現代風に。豆腐は水きりするものとしないものがありますが、いずれも強火で水分をとばすように炒めます。水分をとばすことで豆腐のうまみが凝縮され、油のコクも加わってご飯とも相性抜群です。

雷豆腐

鶏肉と合わせて食べごたえアップ

材料（2人分）

木綿豆腐—½丁（175g）
ねぎ—½本
鶏もも肉—100g
A しょうゆ—小さじ⅔
　酒—小さじ⅔
　かたくり粉—小さじ1
B しょうゆ—大さじ1
　砂糖—小さじ1½
　こしょう—少々
　粉ざんしょう—少々
ごま油—大さじ1

作り方

一、ねぎは白い部分と青い部分に分け、白い部分は1.5㎝幅に切り、青い部分は5㎜幅の斜め切りにする。（a）

二、鶏肉は2㎝角に切り、Aで下味をつける。フライパンにごま油を入れて強火で熱し、鶏肉を炒める。（b）

三、鶏肉が白っぽくなったら、**一**のねぎの白い部分を加えて炒め、鶏肉とねぎに火が通ったら、豆腐を手で粗く握り崩しながら加えてさらに炒める。（c）

四、豆腐にところどころ焼き色がつくまで、へらで混ぜながら炒める。（d）

五、**四**に混ぜ合わせたB、**一**のねぎの青い部分を加えて、ねぎの青い部分が鮮やかになるまで炒め合わせる。（e）

a

b

c

d

e

『豆腐百珍』の江戸時代版雷豆腐の香ばしさはそのままに、鶏肉を加えて食べごたえアップ。豆腐を加える際に、バチバチッと雷のような音がたつくらい強火で炒めるのがポイント。

豆腐麪《めん》

豆腐と揚げそうめんの炒め物

そうめんは一度揚げてからゆでて用います。香ばしく風味が豊かになり、のびにくいのが利点。

材料（2人分）

木綿豆腐 — ½丁（175g）
そうめん（乾）— 1ワ（50g）
青ねぎ（5㎜幅に切る）— 3本
青じそ（せん切り）— 10枚
A
　削り節（糸がき）（小）— 1袋（3g）
　しょうゆ — 大さじ1
　みりん — 小さじ2
　こしょう — 少々
紅しょうが（せん切り）— 適宜
揚げ油 — 適量
オリーブ油 — 大さじ2

作り方

一、豆腐はさらしの布巾で包み、ギュッと絞って水きりする。

二、そうめんは、180℃（一度水でぬらして拭いた菜箸を入れたとき、シュワシュワと勢いよく泡が出る状態）に熱した揚げ油に入れ、薄い茶色になったら引き上げる*。たっぷりの熱湯で約40秒間、箸にかけるとしなるくらいまで堅めにゆでる。ざるに上げて湯きりして冷ます。

*揚げたそうめんは、ポリ袋に入れておくと約2週間保存できる。

三、フライパンにオリーブ油を入れて中火で熱し、一を加えて強火にする。へらで粗くつぶしながら炒める。焼き色がつき始めたら、青ねぎ、青じそを加えて炒め、Aを加えて炒める。

四、二を加え、混ぜ合わせる。器に盛り、好みで紅しょうがをのせる。

砕き豆腐

小松菜たっぷりのチャンプル風

沖縄のチャンプルのテクニックを使ってアレンジ。時間差をつけて加えた小松菜が歯触りも色合いも抜群のアクセントに。

材料（2人分）

木綿豆腐―½丁（175g）
小松菜―½ワ（85g）
卵―2コ
にんにく（みじん切り）―小さじ½
A
- しょうゆ―大さじ½
- 砂糖―小さじ⅔
- 塩―小さじ⅙
- こしょう―少々

削り節（糸がき）（小）―1袋（3g）
ごま油―大さじ1

作り方

一、豆腐はさらしの布巾で包んで、ギュッと絞って水きりし、つかみ崩す。

二、小松菜は葉の部分と茎の部分で切り分け、どちらも7～8㎜幅に切る。卵はボウルに割り入れて、よく溶きほぐす。

三、フライパンにごま油、にんにくを入れて中火にかける。

四、にんにくの香りがたってきたら豆腐を入れて強火にし、へらで炒める。ところどころ焼き色がついたら、二の小松菜の茎の部分を加えて炒め、油が回ったら、葉の部分を加えて炒める。

五、葉がしんなりしたら、削り節、Aを加えて混ぜながら炒める。全体が均一になったら、二の溶き卵を中心から外側に向かって回し入れ、炒め合わせる。

豆腐ができるまで

大豆（生）

洗浄・浸《しん》漬《せき》

乾燥大豆を洗浄後、浸漬槽で一晩水につけて柔らかくする。

磨《ま》砕《さい》

一晩浸漬した大豆を、水を少量ずつ加えながら、すりつぶしていく。すりつぶしたものを「生呉」という。

生《なま》呉《ご》

煮沸

生呉を煮釜で煮る。青臭かった匂いが、煮ているうちに香ばしい甘い匂いに。煮上がったものを「煮呉」という。

煮《に》呉《ご》

濾《ろ》過《か》

煮呉を「豆乳」と「おから」に分離する作業。かつては、袋に入れた煮呉をてんびん棒で絞っていたが、現在は機械絞りに。

豆乳

凝《ぎょう》固《こ》

豆乳ににがり（塩化マグネシウム、粗製海水塩化マグネシウム）などの凝固剤を加えて、固める。

成型・脱水

15～30分間ほど熟成させ、崩して湯取りしてから型箱に盛り込んで脱水する。この後、切り分けや包装、殺菌・冷却などが行われる。

＼完成！／

“木綿豆腐”に！

（豆腐を識《し》る　その一）

豆腐はヘルシー食材

消化吸収率は9割以上。
豆腐は、低カロリーで
大豆由来の良質なたんぱく質が
しっかりとれる優れた食品です。

豆腐の主な原料は大豆。その成分はたんぱく質・脂質・炭水化物などで、特に肉や魚などの動物性食品と同等に良質なたんぱく質を約40％と多く含むことから「畑の肉」といわれています。たんぱく質は血や肉を作る重要な栄養素で、人間の生命の維持には成人で1日50～80グラムの摂取が必要といわれていますが、伝統的な和食では動物性たんぱく質が不足しがち。長らく日本人がとってきたたんぱく質は、主に大豆から作られる豆腐とみそによる植物性のものだったのです。

　また、木綿豆腐と同量のたんぱく質を肉類でとる場合、同時にエネルギー、脂質などを豆腐に比べて多く摂取することになり、豆腐には含まれないコレステロールも摂取することになってしまいます。良質なたんぱく質はしっかりとれて、肉類より低カロリー。豆腐はヘルシーで栄養バランスのよい、優れた食品といえるのです。

　ちなみに、大豆は消化が悪いといわれていますが、豆腐は製造過程で大豆の消化の悪い繊維質が除かれるため、消化吸収率はなんと9割以上。豊かな栄養素を無駄なく取り入れることができるのもうれしいところです。おいしく食べて、健康に。毎日の食卓にぜひ豆腐料理を！

豆腐編

三、煮る

淡泊な豆腐に、煮汁をたっぷり含ませる。

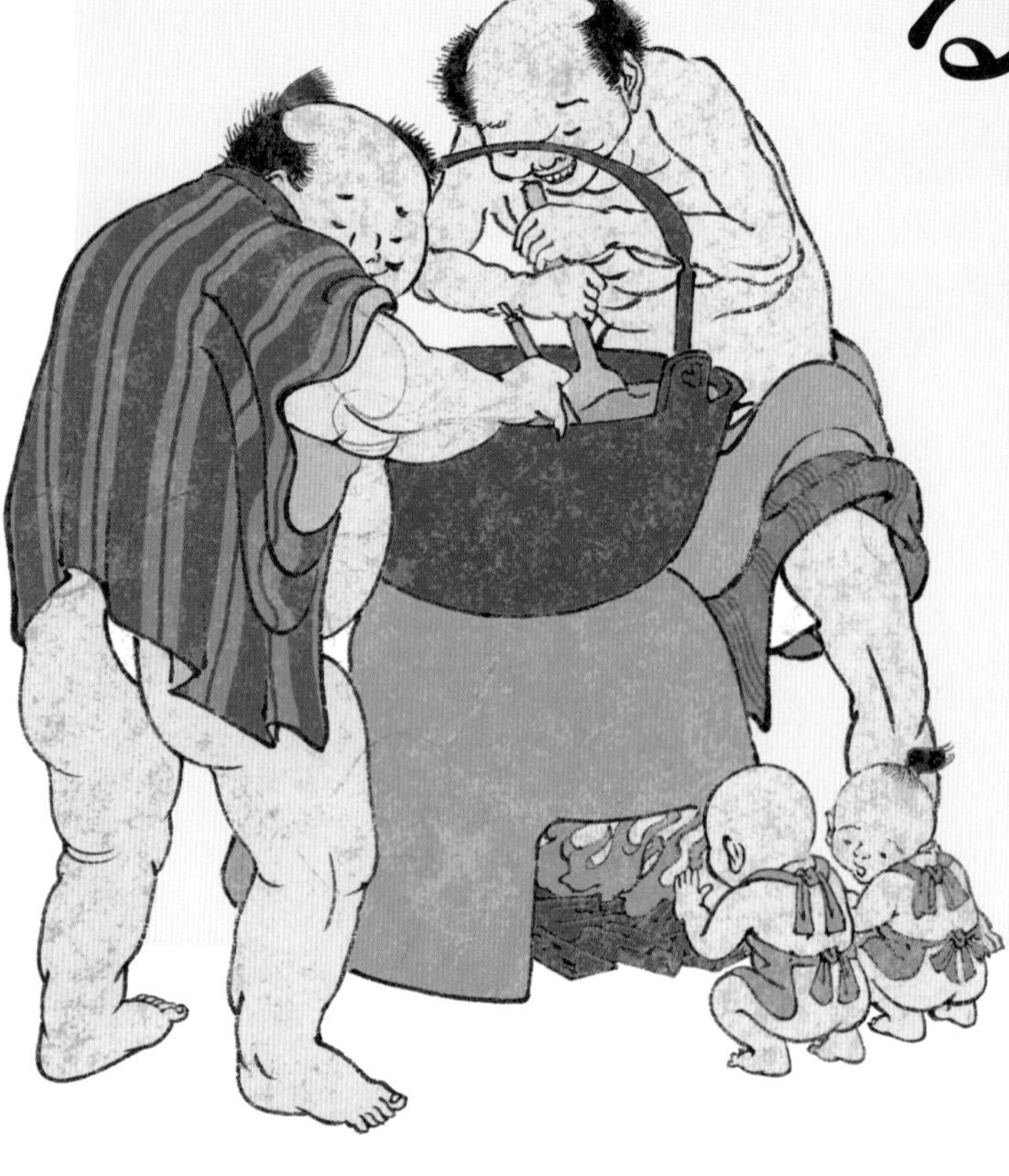

『豆腐百珍』原本にみる「なじみ豆腐」

上々の白味噌《しろみそ》よくすりて、
酒にて中稀《うす》にのべ、
とうふをよきほどにきり、
一時《ひととき》あまり浸《つけ》をき、
其《その》まゝ文武火（つよからずよはからず中ぐらいの火なり。）にて
烹《に》たつる也。
葱白《しろね》のざく／＼・青番椒《とうがらし》・
おろし大根をく。

現代語訳◎上質な白みそをよくすって酒でのばし、適当な大きさに切った豆腐を2時間ほどつけおき、中火で煮る。ざく切りの白ねぎ、青とうがらし、大根おろしを置く。

バラエティーに富む調理器具や調味料が簡単に気兼ねなく使える現代は、家庭でもさまざまな調理法が可能になっています。が、近年までは、家庭での調理法といえば、「煮る」と「あえる」が主でした。『豆腐百珍』は家庭での豆腐料理を紹介するものではありませんが、それでも、シンプルに「煮る」、ゆでてから「煮る」、すってから「煮る」、炒めてから「煮る」など、「煮る」はいちばん多く登場する調理法です。

ここでは、白みそベースにつけおいた豆腐を煮る「なじみ豆腐」（上記参照）、焼いた豆腐を崩して卵でとじる「小竹葉《おささ》豆腐」、豆腐を揚げてから具材を詰めて煮る「沙金《しゃきん》とうふ」を現代風にアレンジ。「なじみ豆腐」は豆腐にすを入れないように弱火で、「小竹葉豆腐」は温まる程度に中火でサッと、「沙金とうふ」は味を含ませるため弱火でゆっくりと、とそれぞれ火加減と煮る時間を工夫します。

なじみ豆腐

焼き餅を加えて雑煮仕立て

まったりとした白みその煮汁に、なめらかな絹ごし豆腐がまさに〝なじんだ〟ような一品。焼き餅と青のり粉の香ばしさがアクセント。寒い日に食べれば、おなかの中から優しく温まります。

材料（2人分）

絹ごし豆腐—½丁（125g）
餅（四角いもの・焼く）—2コ
昆布（5cm角）—1枚
白みそ*—70g
青のり粉—適宜
練りがらし（ごく少量の水で溶く）—適宜

*地方やメーカーによって塩分が異なるので注意。

作り方

一、鍋に水カップ1¼、昆布を入れて弱火にかけ、沸騰したら昆布を取り出す。

二、一の昆布だし少量を小さなボウルにとり、白みそを加えてなめらかになるまで溶き、鍋に戻す。（a）

三、絹ごし豆腐は水きりせずに厚みを半分に切り、二に加えて弱火で3分間煮る。

四、豆腐が温まったら、餅を加え、軽く煮る。

五、器に盛り、好みで青のり粉をふり、練りがらしをのせる。

a

小竹葉《おささ》豆腐

豆腐のごちそう卵とじ

焼き豆腐の卵とじをアレンジ。あさり缶を活用して、うまみたっぷりに。ツナやさけ、かに、帆立て貝柱の缶詰を用いても。

材料（2人分）

焼き豆腐―1/2丁（125g）
あさり（缶詰・水煮）（小）―1缶
（固形量40g、総量85g）
みつば―1/2ワ
卵―1コ
A 酒―大さじ4
　みりん―小さじ2
　しょうゆ―小さじ1
粉ざんしょう―適宜

作り方

一、みつばは葉を1枚ずつちぎり、茎の部分は3cm長さに切る。卵はボウルに割り入れ、よく溶きほぐす。

二、小さめのフライパンかちり鍋、または浅めの鍋にあさりを缶汁ごとと、Aを入れて中火にかける。

三、軽く煮立ったら、焼き豆腐を手で粗く握り崩して加え（a）、へらで混ぜる。煮立ったら、一のみつばを茎、葉の順に加え、一の溶き卵を中心から外側に向かって回し入れる。ふたをして卵が鍋底にくっつかないよう、鍋を前後にゆすり、30秒間たったら火を止める。

四、ふたを取り、好みで粉ざんしょうをふる。

a

沙金《しゃきん》豆腐

油揚げで茶巾豆腐に

材料（2人分）

- 油揚げ（いなり用・味つけなし）—2枚
- 鶏ひき肉—20g
- きくらげ（乾）—1g
- にんじん（みじん切り）—10g
- 卵—2コ
- A
  - だし—150ml
  - 酒—大さじ1強
  - しょうゆ—大さじ1強
  - みりん—大さじ1強
  - 砂糖—小さじ½
- ほうれんそう＊—適宜

＊根元に十文字に切り込みを入れて縦に裂き、たっぷりの熱湯でサッとゆでる。冷水にとって冷やし、水きりをする。

作り方

一、油揚げは、端が落とされていないものは片端をできるだけ細く切り落とし、袋状に開く。切り落とした端はみじん切りにする。

二、きくらげは表示どおりに戻し、みじん切りにする。

三、ボウルに、鶏ひき肉、**二**のきくらげ、にんじん、**一**のみじん切りにした油揚げの端を入れて混ぜる。

四、一の袋状にした油揚げを小さなカップに入れて広げ、中に**三**を½量ずつ入れ、卵を1コずつ割り入れる。油揚げの口をつまようじで縫うように閉じる。（a）

五、小鍋に**四**を入れて、合わせたAをヒタヒタになるまで加えて中火にかける。煮立ったら落としぶた（アルミ箔《はく》、またはオーブン用の紙を鍋の口径より一回り小さく切って真ん中に穴を開ける）をし、弱火で20分間煮てそのまま冷まして味を含ませる。

六、五のつまようじを外し、半分に切って器に盛る。好みで、ゆでたほうれんそうを半分の長さに切るか、長いまま煮汁にくぐらせて添える。煮汁を約大さじ1かける。

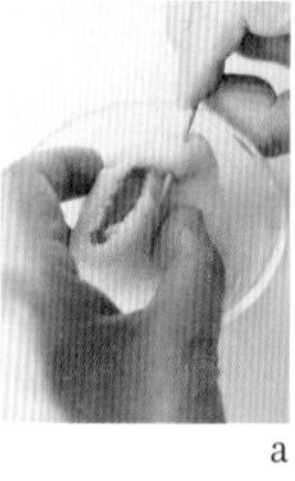

a

『豆腐百珍』では豆腐を揚げて使っていたところを、豆腐の加工品の代表格・油揚げを活用して、簡単に。具だくさんで卵の黄色が華やかなので、お弁当のおかずにもピッタリ。

豆腐編

四、する

なめらかにすって、食感や形状の変化を生み出す。

『豆腐百珍』原本にみる「ふは〱豆腐」

鶏卵《たまご》ととうふ等分にまぜ、
よくすり合《あは》せ、
ふは〱烹《に》にする也。
胡椒《こせう》の末《こ》ふる。
鶏卵のふは〱と
風味かわることなし。
倹約を行ふ人専ら用《もち》ゆべし。

現代語訳◎同量の卵と豆腐を混ぜてよくすり合わせ、ふわふわ煮にする。こしょうをふる。卵だけのふわふわ煮と風味は変わらない。倹約するならこれを作るとよい。

かつて、すり鉢は日本で重要な調理道具の一つでした。平安時代後期に中国から伝来したとされ、江戸時代には家庭の台所に欠かせないものに。『豆腐百珍』にも豆腐を「する」料理が多数登場しています。

豆腐は「する」と食感が変わるだけでなく、大豆の脂肪が分解されて味が濃厚になります。白あえがおいしいのは、そのためです。また、豆腐を卵や山芋と合わせてすることで、さらに食感に変化が生まれます。

ここでは、豆腐をぜいたく品の卵のかさましに使った倹約料理でもあると記されている「ふはふは豆腐」（上記参照）、小型えびのえびじゃこと豆腐をすり混ぜて炒る「苗鰕《えび》菽乳《とうふ》」、長芋と豆腐をすり混ぜて煮る「ハンペン豆腐」を現代風に。フードプロセッサーかミキサーを使っていますが、すり鉢があれば、ぜひすり鉢で。よりふんわりとした食感が楽しめます。

ふわふわ豆腐

卵の力でふんわりおいしく

トマトの酸味と焼きのりの香ばしさが、まろやかな味を引き締めます。豆腐と卵をよくすっておくと、味のなじみも抜群に。

材料（2人分）

木綿豆腐―½丁（175g）
卵―2コ
A［だし―180ml
　うす口しょうゆ―小さじ2
　みりん―小さじ1
　こしょう―少々
トマト―½コ
みつば―2～3本
焼きのり（小・ちぎる）―1袋（8切り5枚）

作り方

一、豆腐はさらしの布巾で包み、ギュッと絞って水きりする。トマトはヘタを除き、1cm角に切る。みつばは葉を1枚ずつちぎり、茎の部分は3cm長さに切る。

二、フードプロセッサーかミキサーに一の豆腐を入れ、卵を割り入れてかけ、なめらかにする。

三、一のトマト、Aを鍋に入れて強火にかけ、煮立ったら、二を加える。（a）

四、すぐに一のみつば、のりを加え、泡立て器でゆっくりと混ぜる。再度煮立ってフワ～ッと浮き上がってきたら、火を止める。

五、ふたをして30秒間蒸らして器に盛り、煮汁を注ぐ。

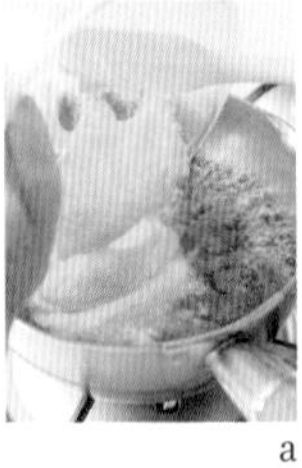

a

えび豆腐

豆腐入りえびおぼろ

同量の豆腐を加えてすることで、えびだけのそぼろより口当たりが優しく柔らかに。ちらしずしや巻きずしの具にも。

材料（2人分）

木綿豆腐―1/2丁（175g）
むきえび―175g
かたくり粉―適量
A
- 砂糖―大さじ2
- みりん―大さじ1
- うす口しょうゆ―小さじ1 1/2
- 塩―小さじ1/3

ごま油―大さじ1
ご飯（温かいもの）―茶碗《わん》約2杯分
青ねぎ―1/4本

作り方

一、豆腐はさらしの布巾で包み、ギュッと絞って水きりする。むきえびは背ワタがあれば除いてボウルに入れ、かたくり粉をまぶしてから、サッと水洗いして水けをきる。青ねぎは端から2～3㎜幅に切る。

二、フードプロセッサーかミキサーに一の豆腐とえび、Aを入れてかけ、なめらかにする。

三、フライパンにごま油を入れて中火にかける。二を入れて樹脂製の泡立て器などで混ぜながら、しっとりしたそぼろ状になるまで炒りつける（a）。そのまま冷ます*。

＊清潔な保存容器に入れ、冷蔵庫で3～4日間保存できる。

四、器にご飯を盛り、三を適量のせる。一の青ねぎを散らす。

a

はんぺん豆腐

はんぺんとは一味違うふんわり感

長芋と豆腐をすり混ぜて蒸します。からし明太子とみつばが色合いの、きくらげが歯音のアクセント。

材料（2人分）

木綿豆腐 — ½丁（175g）
長芋 — 正味70g
からし明太子 — 30g（½腹）
みつば（みじん切り）— 3本分
きくらげ（表示どおりに戻す／みじん切り）— 小さじ1
砂糖 — 小さじ1
塩 — 小さじ¼
サラダ油 — 適量

作り方

一、豆腐はさらしの布巾で包み、ギュッと絞って水きりする。

二、からし明太子は皮に縦に切れ込みを入れ、包丁の背でこそげて中身を取り出す。

三、フードプロセッサーかミキサーに**一**の豆腐、長芋、砂糖、塩を入れてかけ、なめらかにする。ボウルに移し、**二**、みつば、きくらげを加えてへらで混ぜる。

四、耐熱の小さい器4コに薄くサラダ油を塗り、**三**を4等分して入れる。

五、蒸気の立った蒸し器に入れ、弱火で7〜9分間蒸す。

六、器からゴムべらで取り出し、ラップに包んで絞り、茶巾にする。口を輪ゴムでとめ、氷水か冷蔵庫で冷やす。

（豆腐を識る　その二）

豆腐と仲間たち

木綿豆腐

豆乳に凝固剤を添加して凝固させた後に、崩して成型・脱水したもの（22ページ参照）。きめがやや粗く、表面に布目や型のあとが残っている場合も。これは、穴の開いた成型箱に布を敷き込み、凝固した豆乳を入れるため。水分は低く、絹ごし豆腐よりも崩れにくいのが特徴。大豆の味も濃く感じられます。

絹ごし豆腐

豆乳と凝固剤を穴の開いていない成型箱に入れ、そのまま全体を均一に凝固させたもの。絹のようなきめの細かさ、なめらかな口当たりと柔らかさが特徴です。木綿豆腐のように圧搾して水分を抜かないので、濃い豆乳が用いられます。

充塡《じゅうてん》豆腐

一旦冷やした豆乳を凝固剤とともに1丁ずつの容器に注入（充塡）・密閉し、加熱して凝固させた豆腐で、なめらかさがあるため、充塡絹ごし豆腐とも呼ばれます。加熱・凝固させる間に殺菌が行われるため、日もちがいいのも特徴。

◎豆腐の加工品

焼き豆腐

木綿豆腐やソフト木綿豆腐（崩しや圧搾をあまり行わずに仕上げたもの）をよく水きりした後、両面を焼いたもの。

油揚げ

濃度が薄い豆乳を凝固剤で凝固させて成型後、しっかり脱水した薄い生地を食用油で揚げたもの。薄揚げとも。

厚揚げ

木綿豆腐やソフト木綿豆腐、絹ごし豆腐をよく水きりし、食用油で揚げたもの。関東周辺では生揚げともいいます。

豆腐編

五、揚げる

油で揚げて、
香ばしさと
コクをプラス。

『豆腐百珍』原本にみる

「叩《たゝ》き豆腐」

やき豆腐・ふくさ味曾《みそ》、
七分・三分の分量にして、
菜刀《ながたな》にてひとつによくたゝき、
よきほどにとり、
油にて、さつと煠《あぐ》る也。
調和《てうみ》、好みに随ふ。

現代語訳◎焼き豆腐とふくさみそを7：3の割合で混ぜ、菜切り包丁でよくたたく。適量をまとめ、油でさっと揚げる。調味はお好みで。

「揚げる」という調理法は、中国伝来の精進料理の影響を受けています。江戸時代、食用油は高級品でしたが、『豆腐百珍』では、いずれかの工程で「揚げ」て調理している料理が10以上登場。厚揚げのように素揚げしたと想像される「油煠《あげ》とうふ」のようなシンプルなものから、丁寧に炒った後に揚げてしょうゆで煮る「賽蜆《しじみもどき》」や、美濃紙で包んで水きりしてから紙に包んだままごま油で揚げる「包油煠《つつみあげ》」など興味がそそられる料理までさまざま紹介されています。

ここでは、焼き豆腐を二、三種類のみそとたたいて揚げた「叩《たた》き豆腐」(上記参照)、一度揚げた豆腐を細く切って具材と合わせて炒め、湯葉で巻いて揚げる「真《しん》のケンチヱン」、すった豆腐で具材を包み揚げする「ヒリヤウヅ」を現代風に。味つけしたものは焦げないように低温でじっくりと、すでに火が通っている具材を皮で包んだものは高温でサッと、と揚げ方に気をつけて。

叩《たた》き豆腐

豆腐の揚げだんご

材料（直径約3㎝×18コ・6串分）

焼き豆腐—½丁（125g）

A
- 青ねぎ—1本
- 小麦粉—大さじ3
- みそ（中辛の米みそ）—大さじ1
- 白ごま—大さじ1
- 砂糖—小さじ½
- 卵（溶く）—½コ分
- ごま油—小さじ1

揚げ油—適量

きゅうり—適宜

作り方

一、焼き豆腐はさらしの布巾で包み、ギュッと絞って水きりする（a）。青ねぎは2㎜幅に切る。

二、一の豆腐をまな板に移し、粗くつぶが残るくらいになるまで包丁でたたく。（b）

三、二をボウルに移し、Aを加えて均一になるまでへらでよく混ぜる。（c）

四、鍋に揚げ油を入れて160℃（一度水でぬらして拭いた菜箸を入れたとき、ゆっくり細かい泡が出る状態）に熱する。**三**をうずら卵大にすくって手に取り、軽く握るようにして丸く絞り出し、スプーンですくって、油に落とし入れる。（d）

五、豆腐が茶色く色づくまで揚げ、引き上げる。竹串に3コずつ刺し（e）、器に盛る。好みで、きゅうりの飾り切りを添える。

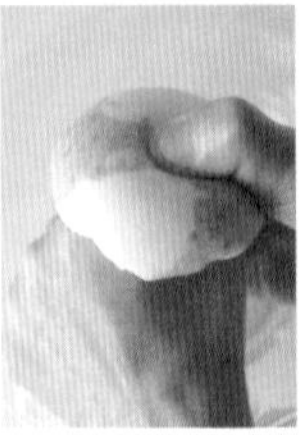
a

b

c

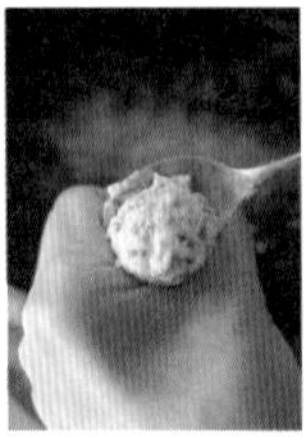
d

e

外はカリッと香ばしく、中はふんわりで、ヘルシーなチキンナゲット風。材料はシンプルながら深い味わいで、冷めても十分においしい。みそは、好みの中辛のものを。

真《しん》のケンチェン

カリッと春巻に

材料（2人分・4本分）

木綿豆腐—½丁（175g）
もやし—50g
干ししいたけ（水で戻す）—2枚
ごぼう—15g
にんじん—10g
小麦粉—小さじ1
A
- しょうゆ—大さじ½
- 砂糖—大さじ½
- 塩—小さじ⅙
- こしょう—少々

春巻の皮—4枚
水溶き小麦粉—適量
ごま油—大さじ½
揚げ油—適量
練りがらし—適宜
酢—適宜

作り方

一、豆腐はさらしの布巾で包み、軽く絞って水きりする。もやしはひげ根を取る。しいたけは薄切り、ごぼうはささがきにして水にくぐらせる。にんじんはせん切りにする。

二、フライパンにごま油を入れて強火にかけ、熱くなったら**一**のしいたけ、ごぼう、にんじん、もやしの順に加えて炒める。油が回ったら小麦粉をふり、**一**の豆腐を加え、さらに炒める。野菜に火が通ったら、Aを加えて混ぜ、火を止める。バットなどに移して冷ます。

三、春巻の皮の一角を手前にしてまな板などに置く。角から⅓ほど奥に**二**の¼量を横一文字に広げて手前の角を中に折り返す（a）。皮の縁すべてに水溶き小麦粉（水とかたくり粉を同量合わせる）を塗る。両端を折り返してクルクルと巻いてとじる。

四、フライパンに2㎝深さまで揚げ油を入れて中火にかけ、油が180℃（一度水でぬらして拭いた菜箸を入れたとき、シュワシュワと勢いよく泡が出る状態）になったら、**三**を入れて茶色く色づくまで返しながら揚げる。

五、食べやすく切って器に盛り、好みで、酢で柔らかく溶いた練りがらしを添える。

a

〝ケンチェン〟とは普茶《ふちゃ》料理（江戸時代初期に中国から隠元禅師《いんげんぜんじ》が伝えた精進料理）の言葉で、細く切ったものを巻く、の意。炒めた豆腐を湯葉ではなく春巻の皮で巻き、高温でカラリと揚げます。

ヒリョウズ

具だくさん飛龍頭

材料（2人分・8コ分）

木綿豆腐 ― 1/2丁（175g）
豚ひき肉 ― 50g
きくらげ（乾）― 1g
にんじん（みじん切り）― 20g
卵 ― 1/2コ
A
- かたくり粉 ― 大さじ2
- ピーナッツバター（無糖）― 大さじ1/2*
- 砂糖 ― 小さじ1
- 塩 ― 小さじ1/4

揚げ油 ― 適量
大根おろし ― 適量
しょうゆ ― 適量
さやいんげん ― 4本

*練りごま（少し多め）で代用可

作り方

一、 豆腐はさらしの布巾で包み、ギュッと絞って水きりする。

二、 きくらげは表示どおりに戻してみじん切りにする。

三、 フードプロセッサーかミキサーに**一**を入れてかけ、なめらかにする。ボウルに移し、豚ひき肉、**二**、にんじん、Aを加え、卵を入れてへらで混ぜる。（a）

四、 鍋に揚げ油を入れて160℃（一度水でぬらして拭いた菜箸を入れたとき、ゆっくり細かい泡が出る状態）に熱し、**三**をスプーンですくって落とし入れる（b）。きつね色になるまでじっくり揚げたら、一度引き上げて、2分間休ませる。油の温度を180℃（一度水でぬらして拭いた菜箸を入れたとき、シュワシュワと勢いよく泡が出る状態）にし、サッと揚げて引き上げる。さやいんげんは半分に切り、素揚げする。

五、 **四**を器に盛り、大根おろしにしょうゆをかけた染めおろしを添える。

a

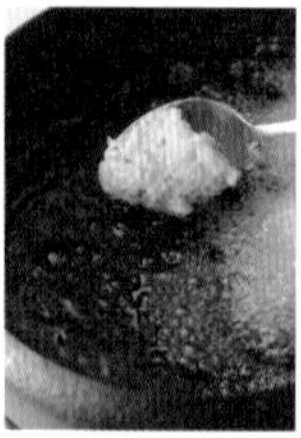
b

沖縄の〝うじら豆腐〟のように、ピーナッツバターを使用してコクと風味をアップ。味つけしていて焦げやすいので、低温でじっくり揚げるのがコツです。

豆腐編

六、蒸す

蒸気の力で、
姿も食感も変身。

『豆腐百珍』原本にみる
「苞《つと》とうふ」

とうふ、
よく水をしぼり、
醴《あまさけ》をすりまぜて、
棒の如《ごと》くとりて、
竹簀《たけす》に巻き、
蒸して小口切にす。

現代語訳◎豆腐の水けをよく絞り、甘酒を加えてすり混ぜる。棒状にして竹簀で巻き、蒸す。小口切りにする。

「蒸す」とは、蒸し器やせいろの中の蒸気で材料に火を通す調理法で、材料の形や色、風味を保ちやすいのが特徴です。『豆腐百珍』で主に登場しているのは、豆腐をそのまま蒸すのではなく、水けをよく絞り、すってからつなぎの卵白を加えて板にのばして蒸す「金砂《すなご》とうふ」のようなもの。すって蒸すことで、姿形を変えられるだけでなく、食感にも変化を加えることができるのです。

ここでは、すって甘酒を加え、竹簀で巻いて蒸す「苞《つと》とうふ」(上記参照)、くず粉をつなぎにしてすり混ぜた豆腐生地で卵の黄身に見立てたにんじんを巻く「鶏卵様《たまごとうふ》」、すって小豆と混ぜて蒸す「鹿子菽乳《かのことうふ》」を現代風に。先の2品は、しっかりと蒸気の立った蒸し器に入れ、すが入らないように中火で蒸すのがポイント。「鹿子菽乳」は低温のオーブンで蒸し焼きにし、なめらかに仕上げます。

苞《つと》豆腐

錦糸包みシューマイ風に

材料（2人分・12コ分）

木綿豆腐— 1丁（350g）

A
- 帆立て貝柱（缶詰／具）— 40g
- 甘酒— 30g
- かたくり粉— 大さじ3
- 帆立て貝柱（缶詰／汁）— 小さじ2
- うす口しょうゆ— 小さじ2
- きくらげ（戻してみじん切り）— 小さじ1
- ごま油— 小さじ1

薄焼き卵
- 卵— 2コ
- 砂糖— 2つまみ
- 塩— 少々

サラダ油— 適量

作り方

一、豆腐はペーパータオルに包み、上に水を張った鍋を置いて、約半日間押す（夏は冷蔵庫で）。

二、一をボウルに入れ、泡立て器で粗く崩す。（a）

三、Aを加えてへらでよく混ぜ（b）、12等分する。

四、薄焼き卵を焼く。ボウルに材料を入れ、よく溶きほぐす。薄くサラダ油をひいた卵焼き器を中火にかけ、卵液を薄く流して焼き（c）、バットなどにとる。これを繰り返す。粗熱が取れたら、せん切りにする。

五、三を一つずつ少し腰高にまとめ、**四**をまぶして軽く押しつける。蒸気の立った蒸し器に薄くサラダ油を塗って並べ入れ、中火で10分間蒸す。（d）

a

b

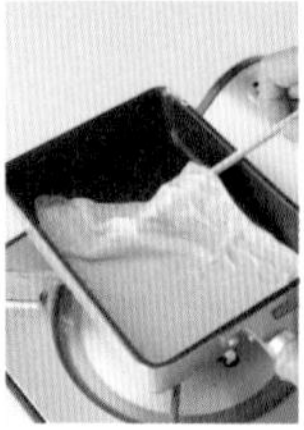
c

d

『豆腐百珍』では竹簀を使っていたところを、代わりに錦糸卵で包んで蒸し器に。帆立て貝柱の缶詰でうまみを、きくらげで食感の変化をプラス。華やかなシューマイ風で、ハレの日にも。

鶏卵《たまご》豆腐

かにかま巻き豆腐

『豆腐百珍』ではにんじんを芯にして卵に見立てていますが、かにかまぼこを芯にして薄焼き卵で巻き、ぜいたくに。トロリとしたうすくずあんで、ごちそう感が増します。

材料（2人分・約18×4cmの円柱状1本分）

木綿豆腐 — 1/2丁（175g）

A
- 小麦粉 — 大さじ2
- うす口しょうゆ — 小さじ1
- みりん — 小さじ1

みつば（みじん切り）
— 2～3本分（大さじ1/2）

かにかまぼこ — 6本

うすくずあん

B
- だし — 大さじ4
- うす口しょうゆ — 小さじ1
- みりん — 小さじ1

水溶きかたくり粉
- かたくり粉 — 小さじ1/2
- 水 — 小さじ1/2

薄焼き卵
- 卵 — 1コ
- 砂糖 — 1つまみ
- 塩 — 少々

サラダ油 — 適量

作り方

一、豆腐はさらしの布巾で包み、ギュッと絞って水きりする。

二、フードプロセッサーかミキサーに**一**、Aを入れてかけ、なめらかにする。ボウルに移し、みつばを混ぜる。

三、薄焼き卵を焼く。ボウルに卵を割り入れて砂糖、塩を加えてよく溶きほぐす。薄くサラダ油をひいた卵焼き器を中火にかけ、卵液の1/2量*を薄く流して焼き、バットなどにとる。

*残りの卵液はいり卵などに。

四、巻きすに**三**の薄焼き卵を縦長に置き、**二**を手前から奥側3/4のところまで広げる。かにかまぼこ6本を芯にして巻きずしの要領で**二**の端同士を合わせ、巻きすでクルクルと巻き（a）、両端を輪ゴムでとめる。蒸気の上がった蒸し器に入れ、中火で8分間蒸す。

五、蒸し終わったら、巻きすに巻いたまま、食べやすい温度に冷ます。巻きすを外して、食べやすく切り、器に盛る。

六、うすくずあんを作る。鍋にBを入れて中火にかける。沸いたら、合わせた水溶きかたくり粉を加えながら混ぜてとろみをつけ、**五**にかける。

a

鹿子《かのこ》豆腐

なめらか豆腐プリン

『豆腐百珍』では調味は好みでとあるので、洋風甘味に。低温のオーブンで蒸し焼きにしたなめらかさが魅力です。

材料（容量150㎖プリン型4コ分）

絹ごし豆腐 — ½丁（125g）

A
- 卵 — 2コ
- 生クリーム — カップ½
- 砂糖 — 大さじ3

小豆（蒸し／加糖）— 20g

カラメルソース
- 砂糖 — 大さじ2
- 水 — 大さじ2
- 湯 — 大さじ4

バター — 適量

作り方

一、プリン型の内側全体に、バターを指で薄く塗る。

二、カラメルソースの砂糖と水をフライパンに入れて強火にかける。煙が立ってきたら火を弱め、湯を加えて煮溶かす。少しトロッとするまで煮詰め、**一**のプリン型に4等分して入れ、冷蔵庫で冷やし固める。

三、フードプロセッサーかミキサーに絹ごし豆腐を入れ、なめらかにする。ボウルに移し、Aを加えてへらで泡立てないように混ぜる。**二**のプリン型に4等分して入れ、小豆をのせる。

四、オーブンを160℃に温めておく。天板に**三**のプリン型を並べ、湯（分量外）を1㎝深さまで張り、14～16分間蒸し焼きにする。表面が盛り上がってきたら取り出して粗熱を取り、冷蔵庫で冷やす。

五、プリンの表面の縁を一周人さし指で押さえて型から外し、器に取り出す。

（豆腐を識る　その三）

江戸の豆腐事情

日本の豆腐は、中国、または朝鮮半島から伝来したもの。伝来時期や経路には諸説ありますが、平安末期の奈良・春日大社の社務所日記に「春近唐符《はるちかしとうふ》一種……」（寿永《じゅえい》二年（1183）正月二日の条）とあるのが最も古い記録です。鎌倉時代に精進料理とともに豆腐も広まり、室町時代以降、製造方法も全国に広がったとされています。

江戸時代中期には庶民の間にも普及し、『豆腐百珍』が刊行された江戸時代後期には大坂や京都、江戸の町人の間ではごく身近な食べ物に。京都で〝祇園豆腐*〟を名物とした「中村楼」、江戸で初めて絹ごし豆腐を売った「笹の雪」など豆腐を売り物にした料理屋も登場、花見の季節には庶民も田楽屋で豆腐田楽を楽しんでいたようです。

とはいえ、諸国の庶民、特に農民にとっては長い間、豆腐はぜいたく品だったようです。『豆腐百珍』刊行から約30年後に記された『風俗問状答《ふうぞくといじょうこたえ》』には、諸国の雑煮の具として焼き豆腐や豆腐が多く登場しています。雑煮といえば正月をことほぐ料理の代表格。現在も豆腐を雑煮に用いる地方は珍しくありません。かつて豆腐がハレの食べ物だったことの名残といえるでしょう。

『豆腐百珍』が刊行された江戸時代後期には、町人の間で豆腐が身近な食べ物に。一方、都市部以外ではぜいたく品でした。

*薄く切った木綿豆腐をたまりしょうゆやたれみそで煮て、はったい粉をつけたもの。

豆腐編

七、干す、漬ける

時間と工夫で
おいしく保存。

『豆腐百珍』原本にみる「凍《こぐり》とうふ」

壱挺《てう》を八ッほどに切り、
籃《かご》にならべ、沸湯《にゑゆ》をかけ、
そとへ出し、
極寒天《ごくかんてん》に一夜さらし、
翌日《あくるひ》、またゆにて烹《に》やはらげ、
浮《うき》あがるときとりあげ、
少し圧《おし》をかけをき、
またかごにならべ、
幾日も大陽《ひ》にさらす也。

現代語訳◎豆腐1丁を八つほどに切り、干しかごに並べ、熱湯をかける。極寒の夜に外へ出して一晩さらし、翌日、湯で煮て柔らかくする。浮き上がってきたら取り出し、おもしなどをして少しおき、またかごに並べ、何日も天日干しする。

当たり前のように冷蔵庫があり、パック詰めの豆腐が一般的な現代では豆腐がなま物という意識は薄くなっていますが、江戸時代の多くの豆腐は、生鮮食品とほぼ同様に保存が利かないものだったと考えられます。『豆腐百珍』では特に保存が目的だとして紹介されている豆腐料理はありませんが、ここでも取り上げた「凍《こごり》とうふ」は立派な保存食品。製法などは少し異なりますが、現在も広く食べられている高野豆腐や凍《し》み豆腐などと呼ばれるものと同じ系統といえるでしょう。

ここでは、寒空でさらした後、くちなしを加えた湯でゆでて数日干して作る「凍とうふ」(上記参照)のほか、水きりしてからしょうゆなどで煮しめる「おし豆腐」、「おし豆腐」を美濃紙に包んでみそに一晩漬ける「味噌漬《みそつけ》とうふ」を現代風に。手間と時間はかかりますが、いずれも珍味佳品。深い味わいが楽しめます。

凍《こごり》豆腐

冷凍で生まれる新食感

高野豆腐とも違う、独特の食感に。小さな穴に早く、しっかり味がしみ込みます。冷凍庫で1か月間は保存可能。

材料（作りやすい分量）

木綿豆腐 — ½丁（175g）

作り方

一、豆腐をざるにのせ、両面に熱湯をかけて殺菌する。（a）

二、一をペーパータオルで包んで水けをきる。

三、ラップに包んで冷凍庫に入れ、2日間凍らせる。（b）

四、使用する際は水に浸して解凍し、水けを絞って使う。

a

b

使い方例

煮物に使うと、凍るときにできた不ぞろいな小さな穴に煮汁がしっかりとしみ込む。写真の肉豆腐や、さばやわかめと煮るさば豆腐は特におすすめ。また、戻して水けを絞ってからかたくり粉をまぶして揚げ、しょうゆ1：砂糖1：だし6の煮汁で煮てもおいしい。

おし豆腐

洋テイストも効かせた酒の肴

一見地味ながら、さまざまなうまみが凝縮された珍味に。ラップで包んで冷蔵庫で約1週間保存できます。

材料（作りやすい分量）

木綿豆腐 — 1丁（350g）

A
- 赤とうがらし — 1/3本
- 削り節（花かつお）— ひとつかみ
- 酒 — カップ1/2
- 水 — カップ1/2
- しょうゆ — 大さじ4
- みりん — 大さじ3
- トマトケチャップ — 大さじ3

作り方

一、豆腐をペーパータオルに包んで、上に水を張った鍋を置き、半分ぐらいの厚みになるまで約半日間押す（夏は冷蔵庫で）。（a）

二、Aを小さめの鍋に入れて中火にかける。煮立ったら半分に切った一を加えて弱火にし、約40分間煮てそのまま冷ます。

三、二が冷めたら、豆腐を取り出す。皿にのせて冷蔵庫に入れ、3〜4日間乾かす（b）。寒い日に屋内で扇風機の風に当ててしっかり乾かしてもよい。

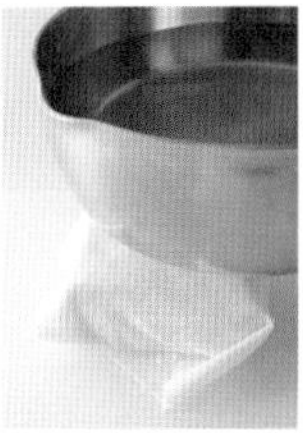
a

b

使い方例

そのまま食べやすく切って、酒の肴に。くん製にしてもよい。また、三で残った煮汁は、かきフライなどフライ料理のソースにおすすめ。

味《み》噌《そ》漬《つけ》豆腐

チーズを超える王道おつまみ

豆腐とみそ。大豆生まれのコンビが絶品つまみに。みそに漬けた状態で、冷蔵庫で約1か月間保存できます。

材料（作りやすい分量）

木綿豆腐—½丁（175g）
A 米みそ—80g
砂糖—40g
こしょう—少々
削り節（糸がき／細かくもむ）—2袋（6g）

作り方

一、豆腐はペーパータオルに包んで、上に水を張った鍋を置き、半分ぐらいの厚みになるまで約半日間押す（夏は冷蔵庫で）。

二、ボウルにAを入れて混ぜ合わせる。

三、一をペーパータオルに包んだままポリ袋に入れ、二を一の両側面に入れる。ポリ袋の上から二を全体に押し広げ、豆腐をまんべんなく包むようにして口をとじ、冷蔵庫に入れる。3〜4日目から食べられるが、3週間後くらいがベター。

四、袋の口を開き、みそを軽くぬぐってペーパータオルを外し、食べやすく切る。

使い方例

そのままスライスして酒の肴として。また、スライスしたものをミニトマトやイタリアンパセリと合わせてクラッカーにのせれば、ワインにもピッタリ。残ったみそは、みそだれや煮物にも活用できる。

（豆腐を識る　その四）

おいしく保存するには

豆腐の風味は、時間の経過とともに失われていきます。ここではなるべく長く、おいしく保存できる方法を紹介します。

野菜や肉類、魚介類と同様、豆腐も鮮度が命。パック詰めされた豆腐には消費期限や賞味期限が記載されていますが、町の豆腐店などで購入したものは、時間とともに風味が失われやすいので、なるべく早く使うのがおすすめです。購入してきた豆腐は密閉できる保存容器に移してきれいな水を浸るくらいまで静かに注ぎ、ほかの食品の匂いが移らないようふたをして冷蔵庫へ。こうすると、乾かないので豆腐ならではの柔らかな食感をキープできるのです。冷えすぎる場所は凍ってすが入ってしまう可能性もあるので、野菜室などでもいいでしょう。また、水は1日1回、きれいなものに取り替えてください。

早めに使いきれないことが予想できる場合は、54ページの〝凍豆腐〟や56ページの〝味噌漬豆腐〟に。完成まで少し時間こそかかりますが、一手間でおいしく食べられる保存食になります。

本書でも使用した加工品・油揚げの場合も、油が酸化してしまうので早めに使いきるのがおすすめ。使いきれなかったものは、1枚ずつラップに包んでジッパー付き保存袋に入れ、冷凍庫へ。凍ったまま、または解凍して調理します。

豆腐編

八、変形させる

変幻自在の魅力を
作って、見て、
食べて満喫。

『豆腐百珍』原本にみる「霰《あられ》豆腐」

よく水をおしぼり、
小骰《さい》に切り、
笊籬《ゐかき》ニてふりまはし、
角《かど》とりて、
油にてさつと煠《あげ》る也。
調味好ミしだひ。

現代語訳◎豆腐を押してよく水けを絞り、さいの目に切って竹ざるに入れ、振って角を取る。油でさっと揚げる。調味はお好みで。

豆腐の約9割は水分。崩れやすい反面、姿かたちを変えやすいという魅力があります。『豆腐百珍』にも豆腐を崩したりすったりして原形をとどめない料理が多く紹介されています。面白いのは、ただ細く切った姿の料理が複数紹介されていること。ちなみに、最後を締める100番目はずばり、「真《しん》うどん豆腐」で、ところてん突きを利用してうどん状に湯の中に切り入れる豆腐が登場します。

ここでは、さいの目に切った豆腐を竹ざるの中で振って小さな球状にしたものを素揚げする「霰《あられ》豆腐」（上記参照）、卵白とすり合わせて美濃紙の上に薄くのべ、湯で火を通してから細く切る「線麪《せんめん》とうふ」、寒天液の中で豆腐を炊いて冷まし固める「玲瓏《こおり》とうふ」を現代風にアレンジします。若干手間はかかりますが、作る際も供する際も楽しく、食べて大満足の3品。豆腐の懐の深さに驚くはずです。

霰《あられ》豆腐

一口厚揚げのだし茶漬け

おちょぼ口で食べるにふさわしい、小さくて愛らしい厚揚げは、そのまま塩をふって酒の肴にも。ここでは、だし茶漬けの具としてアレンジしました。

材料（2人分）

木綿豆腐 — 1/2丁（175g）
ご飯（温かいもの）— 茶碗《わん》約2杯分
焼きのり — 適量
みつば — 1~2本
梅（乾／粉状）— 適量

だし茶

- だし — カップ1
- うす口しょうゆ — 小さじ2 1/2
- みりん — 小さじ1 1/4
- 煎茶（紙パックに入れる）— 小さじ1

揚げ油 — 適量
こしょう — 適宜

作り方

一、豆腐はペーパータオルに包んで水けをとり（a）、1.5cm角に切る。みつばは葉をちぎり、茎の部位は端から2~3mmに切る。

二、大きいボウルにたっぷりの水を入れる。**一**の豆腐を竹ざるに移し、ボウルの水の中で、大きく振り回しながら、豆腐の角が取れて丸くなるまでグルグル回す。（b）（c）

三、**二**の水けをペーパータオルでしっかりとる。（d）

四、鍋に揚げ油を180℃（一度水でぬらして拭いた菜箸を入れたとき、シュワシュワと勢いよく泡が出る状態）に熱し、**三**を入れて薄く色づくまで素揚げする。（e）

五、だし茶の材料を小さめの鍋に入れて中火にかけ、軽く煮立てる。紙パックは取り出す。

六、器にご飯を盛って**四**をのせ、みつば、梅を散らし、のりを添える。食べる直前に**五**をかける。好みでこしょうをふる。

a

b

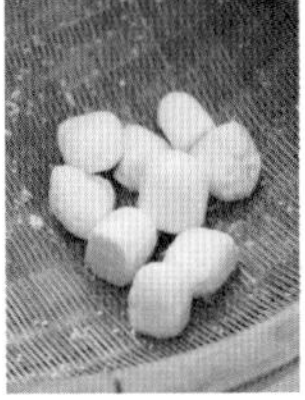
c

d

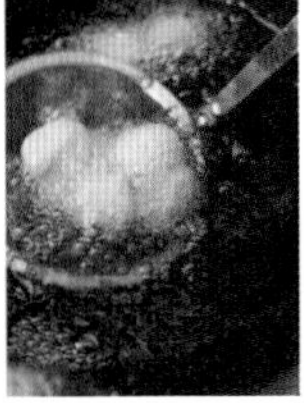
e

線《せん》麺《めん》豆腐

ツルツルッと豆腐めん

材料（2人分）

木綿豆腐 — $\frac{1}{4}$丁（約90g）

A
- 卵 — 1コ
- 小麦粉 — 70g
- 水 — カップ$\frac{3}{4}$

ごま油 — 適量

うまだし*
- だし — カップ1
- うす口しょうゆ — 大さじ2
- みりん — 大さじ2

ねぎ（小口切り）— 適量

おろししょうが — 適量

ミニトマト（縦半分に切る）— 1コ分

*めんつゆ（市販）でもよい。

作り方

一、フードプロセッサーかミキサーに豆腐を入れ、なめらかにする。

二、**一**をボウルに入れ、Aを順に加えながら泡立て器で混ぜる（a）。均一になったらラップをかけ、約15分間ねかす。生地の硬さの目安は泡立て器を持ち上げるとタラ〜ッと細く落ちるくらい。硬いようなら、様子をみながら水で調整する。

三、卵焼き器に薄くごま油を塗って中火で熱し、**二**を適量流し入れる（b）。表面が乾くまでゆっくり焼き、縁がクルッと反り返るくらいになったら取り出す。これを繰り返す。

四、**三**が冷めたら、縦に二つに折り、端からうどん状に切る。（c）

五、うまだしの材料を小さめの鍋に入れて中火にかけ、軽く煮立てる。**四**を器に盛ってうまだしを張り、ねぎ、おろししょうが、ミニトマトをのせる。

a

b

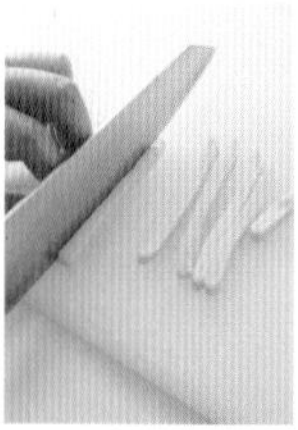

c

すった豆腐を卵、小麦粉、水と合わせて焼き、めんやクレープに。卵焼き器を使えばかんたん！誰もが驚くこと請け合い。豆腐によって硬さが異なるので、生地の柔らかさは水で調整を。

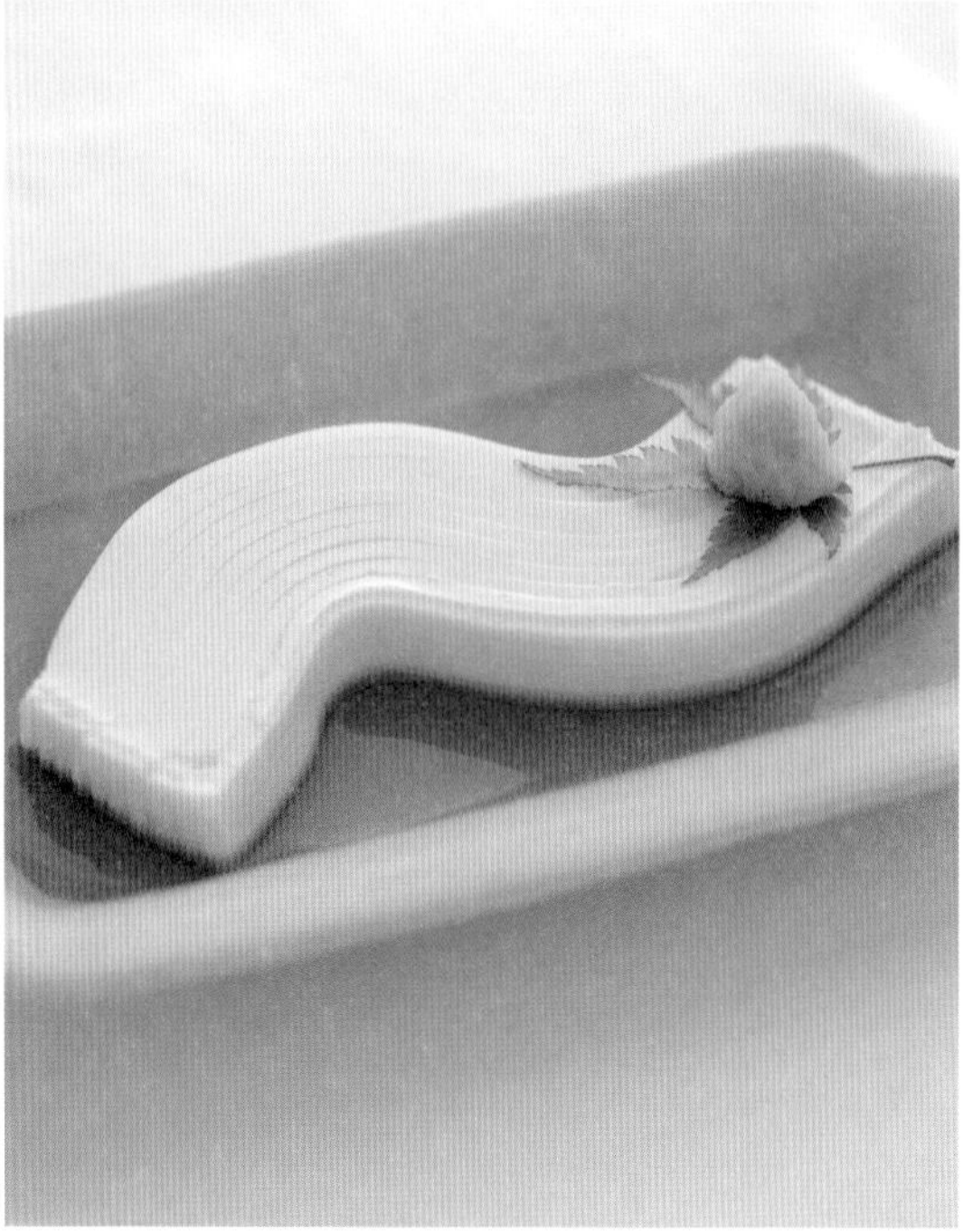

玲瓏《こおり》豆腐

なんと、ところてんにも変身！

『豆腐百珍』では豆腐を寒天液で固めていましたが、合わせて固め、ところてん風に。コクと酸味のマヨネーズが味のアクセント。

材料（2人分・約11.5×16×5㎝の流し缶使用）

木綿豆腐 — 1/4丁（約90g）
マヨネーズ — 大さじ2
寒天（粉末状）— 3g
めんつゆ — 適量
おろしわさび — 適量

作り方

一、 フードプロセッサーかミキサーに豆腐、マヨネーズを入れ、なめらかにする。

二、 水カップ3/4に粉寒天を入れて混ぜる。小鍋に入れ、中火にかけて完全に煮溶かす。

三、 **一**をボウルに入れ、泡立て器でゆっくり混ぜながら**二**を加える。均一になったら、水で軽くぬらした流し缶に入れ（a）、へらで軽く混ぜ、冷蔵庫か氷水に入れて冷やし固める。

四、 固まったら、流し缶から取り出し、幅3㎝に切る。ところてん突きに入れ、器に突き出す（b）。ところてん突きがなければ、包丁で細く切るか、刺身風にそぎ切りにする。めんつゆ、わさびを添える。黒みつで食べてもよい。

a

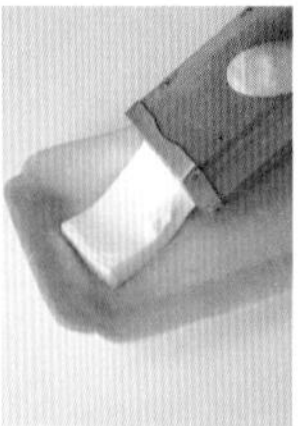
b

卵編

一、卵だけでシンプルに

『卵百珍』原本にみる「熬貫卵葛掛《にぬきたまごくずかけ》」

一、常《つね》の煎貫《にぬき》たまごを皮をさり、三ッほどにきり、薄葛《うすくず》をひき、せうが汁掛《かけ》るよし。又《また》おろしわさび置《おき》て出すへし。

現代語訳◎普通のゆで卵の殻をむき、三つぐらいに切って、うすくず*をひく。しょうがの汁をかけてもよい。おろしわさびを置いて出す。

*吸い地に水溶きしたくず粉を加えて、薄くとろみをつけること。うすくずあんのこと。

『卵百珍』には、あまりほかの食材を加えずに、当時高価だった卵をシンプルに調理した料理も登場します。ここでは、卵の風味や食感を存分に楽しめる料理を選んでご紹介します。

最初に登場するのは「煮抜き卵葛《くず》かけ」。「煮抜き卵」とはゆで卵のこと。少しとろみをつけただしをかけるだけといたってシンプルですが、卵の滋味深さが堪能できる、ほっとする味わいです。次の「卵《たまご》潮煮《うしおに》」は今でいうポーチドエッグ。思いきってカレーソースに合わせ、洋風のしゃれた一品に。『卵百珍』内で少ない揚げ物の一つ「湯卵《ゆたまご》」は、天ぷらの衣を揚げたようなスナック風。「湯」は「油」の当て字です。原本ではあひるの卵も使いますが、ここでは鶏卵のみで作りました。最後の「利休《りきゅう》卵」は、ごま風味の卵豆腐。茶人・千利休《せんのりきゅう》がごま好きだったとされることから名付けられたと考えられます。手軽に作りやすいよう、練りごまを使いました。

煮抜き卵葛《くず》かけ

ゆで卵のくずあんかけ

「煮抜き卵」とはゆで卵のこと。みんなの人気者、うす味のおでんの卵風です。『卵百珍』では、しようが汁やわさびでアクセントをつけていましたが、とことんシンプルに。半熟卵のとろんと優しく深い味わいを楽しみます。

材料（2人分）

卵*1 ― 2コ

A
- だし ― カップ1
- うす口しょうゆ ― 小さじ2
- みりん ― 小さじ2
- くず粉（かたくり粉でもよい*2）― 小さじ2

*1 冷蔵庫から出して30分間おき、常温に戻しておく。できれば、その後、水に約1時間浸しておくと、殻が水分を含むので、ゆでたあとにむきやすくなる。

*2 かたくり粉の場合は時間がたつととろみが弱くなってしまうので、仕上げる直前にあんを作るとよい。

作り方

一、くずあんを作る。Aを小鍋に入れて中火にかけ、木べらで混ぜる。煮立ってとろみがつくまで、ゆっくり混ぜながら加熱する。

二、ゆで卵を作る。卵を鍋に入れ、卵がしっかりかぶるくらいまで水を静かに注ぎ入れて強火にかける。

三、鍋の湯を木べらか玉じゃくしで静かに回して卵を転がしながら加熱し、沸いたら中火にする。卵の内部が好みの堅さになるまで、さらに転がしながら加熱する（a）*。「煮抜き卵葛かけ」は、沸いてから約6分間、卵黄がねっとりした状態のゆで加減がおすすめ。

*ゆで卵の加熱時間については73ページ参照。

四、ゆで上がったらすぐに冷水にとり、余熱で火が入るのを防ぐ。（b）

五、**四**を少し冷ましてから、水の中で殻に細かいひびを入れ、水を含ませながらむく。（c）

六、卵の中がまだ温かいうちに包丁で縦にやや斜めに切る。斜めに切ると、卵黄の断面が左右対称になる。

七、卵を器に盛る。温めた**一**のくずあんをかける。

a

b

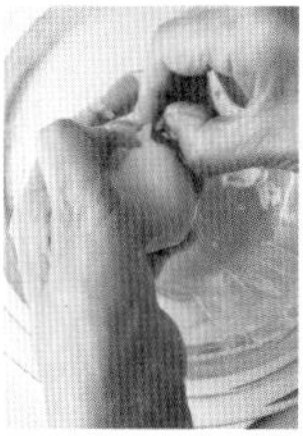
c

卵潮煮《たまごうしおに》

ポーチドエッグのカレーソース

原文では昆布のだしに入れていただきますが、現代風にカレーソースで。朝食にもぴったりです。

材料（2人分）

卵（鮮度のよいもの）— 2コ
酢 — 大さじ2
塩 — 小さじ2
A
- 牛乳 — カップ½
- 水 — カップ½
- カレー粉 — 小さじ1弱
- 顆粒《かりゅう》チキンスープの素《もと》（洋風）— 小さじ½
- 塩 — 2つまみ

トマトケチャップ — 適量

作り方

一、小鍋にAを入れてよく混ぜる。中火にかけ、煮立たせてカレーソースを作る。

二、鍋に水1ℓを入れて中火にかける。沸いたら、酢、塩を加えて*混ぜる。卵を割って玉じゃくしに移し、湯の際から静かに入れる。卵白が散ったら手早く優しく卵黄に寄せ、4分間加熱する。
*酢と塩を加えると、卵白が固まりやすくなる。

三、耐熱ボウルに約40℃の湯をはる。二の卵を網じゃくしですくって湯にくぐらせ*、水けをきって器に入れる。
*湯にくぐらせることで、ゆでたときについた酢を落とす。

四、一のカレーソースを温め、三の器に注ぎ入れる。卵にトマトケチャップ少々をのせる。

湯《ゆ》卵《たまご》

溶き卵とくず粉の揚げ物

カリカリとした食感がクセになるおつまみ。にんにくしょうゆのかわりに、塩や砂糖を少しふりかければ、おやつにも。

材料（作りやすい分量）

卵 — 1コ
くず粉（すって細かくする／かたくり粉の場合は65g）— 60g
酒＊ — 大さじ1
揚げ油 — 適量
にんにく（薄切り）— 1かけ分
しょうゆ — 適量

＊さらにカリッとした食感に仕上げたい場合は、酒を入れなくてもよい。

作り方

一、ボウルに卵を割り入れ、くず粉、酒を加えて、均一になるまで泡立て器で混ぜる。

二、鍋に揚げ油を入れて中火にかける。160℃（一度水でぬらして拭いた菜箸を入れたとき、ゆっくり細かい泡が出る状態／低温）になったら、一の生地を大きめのスプーンですくって、油に流し入れる。（a）

三、揚げ色がついたら返し、両面がきつね色になったら引き上げ、油をきる。

四、半紙か天紙を敷いた器に盛る。別皿ににんにく、しょうゆを入れて添える。

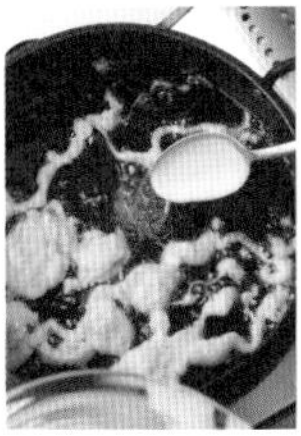

a

ごま風味のふわふわ卵豆腐。練りごまのかわりに、すったくるみやピーナッツを使っても。

利《り》休《きゅう》卵

練りごま入り卵の蒸し物のあんかけ

材料（4人分）

卵—2コ
練りごま（白）—小さじ2
A
- 酒—大さじ1½
- みりん—小さじ1
- 塩—小さじ⅙
- こしょう—少々

だし—大さじ4
サラダ油—適量
B
- だし—カップ¾
- うす口しょうゆ—大さじ½
- みりん—大さじ½
- くず粉（かたくり粉でもよい）—大さじ1

溶きがらし—適宜

作り方

一、練りごまをボウルに入れ、Aを加えながら泡立て器で均一になるまで混ぜる。

二、卵を別のボウルに割り入れ、菜箸でコシがなくなるまで切るようにして混ぜる。**一**に卵を少しずつ加えながら混ぜ合わせる。均一になったら、だしを加えて混ぜ、薄くサラダ油を塗った耐熱ボウルに流し入れる。

三、鍋に**二**のボウルを入れ、ボウルの⅓くらいの高さまで水を入れ、中火にかける。沸いたら弱火にし、ふたをして約10分間蒸す。

四、あんを作る。Bを小鍋に入れて中火にかけ、木べらで混ぜる。煮立ってとろみがつくまで加熱する。

五、**三**を大きめのスプーンですくい取って器に盛り、**四**のあんをかける。好みで溶きがらしを添える。

（卵を識る　その一）

ゆで卵を極める

『卵百珍』にはゆで卵を使った料理が多く登場します。ここでは、ゆで方から切り方までポイントをマスターしましょう。

◎ゆでる前

卵は調理する30分前に冷蔵庫から出し、常温に戻しておきます。できれば、その後に水に約1時間浸しておくこと。殻が水分を含むので、殻がきれいにむけるのです。

◎ゆでる

ゆで方は69ページの二、三のとおりですが、湯に酢（直径約20㎝の鍋に酢約小さじ2が適量）を加えてからゆでると、殻が割れてしまったときに早く固まり、卵白の流出を止められます。ゆで時間と卵の状態は下のとおりです。

◎ゆで終わったら

すぐに冷水にとって冷めるまでおき、余熱で火が入るのを防ぎます。水の中で静かに殻全体に細かいひびを入れ、水を含ませながらむくときれいにむけます。

◎切り方

半熟で柔らかい場合は、絹糸を使うのがおすすめ。絹糸の一方の端を歯ではさみ、卵に一周巻きつけ、もう一方の端を引くときれいに切れます。

（沸いてから4分間ゆでたもの）

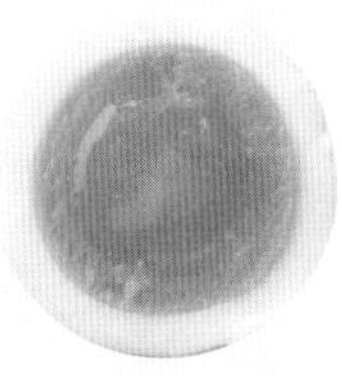

卵黄全体がねっとり、卵白も柔らかめの状態（半熟）

（沸いてから6分間ゆでたもの）

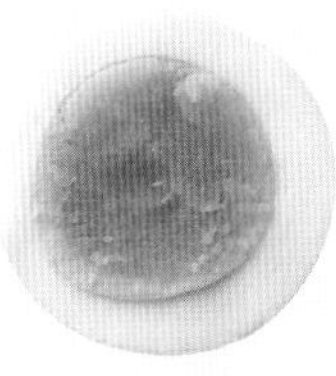

卵黄の中心が柔らかい状態

（沸いてから12分間ゆでたもの）

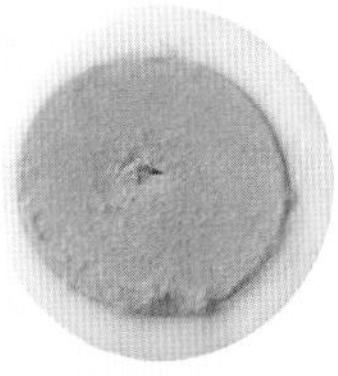

卵黄も卵白もしっかり固まった状態（固ゆで）

二、卵だけで華やかに

『卵百珍』原本にみる「花卵」

一、是《これ》も紅煎貫《べににぬき》たまごのごとくに、かわを取《とり》て、ずいぶん熱湯《あつゆ》へしばらく漬《つけ》、取出《とりいだ》し、紙にまき、箸にても、竹にても、かたを入レ、はさみ、上をくゝりおき、能《よく》さまして切《きる》へし。

現代語訳◎これも紅煮抜き卵＊のように殻をむき、たいそう熱い湯へしばらくつけてから取り出し、紙を巻く。箸か竹で作った型に卵を挟み、表面をしばっておき、よく冷まして切る。

＊『卵百珍』に登場。ゆで卵の殻をむき、熱い湯につけた後、紅花の汁に漬けて紅色をつける。

ここでは、卵だけで楽しめる、華やかでおもてなしにもぴったりな料理を紹介します。

最初に登場するのは「花卵」。『卵百珍』には、ほかにゆで卵を四角形にする「角切《かくぎ》り卵」、六角形にする「六角《ろっかく》煮抜き卵」も登場していますが、華やかさは「花卵」が随一。同じく原本に登場する「紅《べに》煮抜き卵」のように色づけする方法も紹介します。次の「長崎油《あぶら》餅《もち》卵」は長崎で卓袱《しっぽく》料理を学んだ著者・器土堂《きとどう》主人ならではの一品。入手しやすい材料を使うなど工夫している部分もありますが、作り方はほぼ変更なし。当時、長崎で食されていた味をしのぶことができます。次の「加味《かやく》丁子《ちょうじ》焼《やき》卵」も異国の風が感じられる一品。丁子（クローブ）ではなく、肉けい（シナモン）を効かせた松風風の卵焼きです。最後の「牡丹《ぼたん》卵」は調理した卵の姿そのものが花が咲いたよう。『卵百珍』では紙で包んでかたどっていますが、ラップを使うとグンと手軽に作れます。

花卵

花形ゆで卵

ゆで卵が愛らしく変身！シンプルですが、遊び心あふれる一品で、お弁当にもぴったり。黄身を取り出してマヨネーズとあえ、白身に絞り入れて戻してイクラやとびこなどをトッピングすれば、しゃれたオードブルになります。

材料（作りやすい分量）

卵＊―3コ
製菓用食紅、または赤梅酢―適量
くちなしの実（乾／だしパック、またはお茶パックに入れてたたく）―1コ
A しょうゆ―カップ3/4
　みりん―カップ1/2
　酢―カップ1/4

＊冷蔵庫から出して30分間おき、常温に戻しておく。できれば、その後、水に約1時間浸しておくと、殻が水分を含むので、ゆでたあとにむきやすくなる。

◎特に用意する道具
・丸箸―5本
・輪ゴム―3本
・絹糸―約30cm

作り方

一、69ページの**二**と**三**と同様に6分間ゆでる。その後、転がすのをやめ、静かに6分間加熱して固ゆで卵を作る。

二、69ページの**四**と**五**と同様に冷まし、殻をむく。据わりがよくなるように卵の両端を薄く切る。

三、成形する。卵が温かいうちに、ラップを広げて卵を縦に並べる＊。ラップをたたむように巻きつけ、両端を内側に折りたたむ。または、さらしの布巾で包んで両端を輪ゴムでとめてもよい。

＊卵が冷めていたら、熱湯につけて温めると成形しやすい。

四、5本の丸箸を当て、輪ゴムを卵に当たらないように、3か所とめる。箸の位置を等間隔に整え、20～30分間おく。（a）

五、輪ゴムと箸、ラップを外して色をつける。赤い卵は、食紅で濃く染めた水にくぐらせてから、水にとって洗う。または赤梅酢に表面が色づくまでつける。黄色い卵は、くちなしの実を入れたパックを水に入れて煮出した液に表面が色づくまでつける。茶色い卵は、混ぜ合わせたAに表面が色づくまでつける＊。

＊色ムラが気になる場合は、ペーパータオルで包んでつけるとよい。

六、絹糸を巻きつけて横半分に切り＊、器に盛る。

＊73ページ参照。

a

長崎油《あぶら》餅《もち》卵

半熟卵のごま衣揚げ

揚げた卵はもちっとした食感で、料理名に思わず納得。香ばしくはじける黒ごまがアクセント。

材料（2人分）

卵＊—2コ
小麦粉—適量
揚げ油—適量

A
- だし—カップ1/2
- うす口しょうゆ—小さじ1
- みりん—小さじ1
- くず粉（かたくり粉でもよい）—小さじ1
- 黒こしょう（粗びき）—少々

B
- 水—カップ1/2
- 小麦粉—80g
- 黒ごま—大さじ1

＊常温に戻しておく。できれば、その後、水に約1時間浸しておくと、殻が水分を含むので、ゆでたあとにむきやすくなる。

作り方

一、くずあんを作る。Aを小鍋に入れて中火にかけ、木べらで混ぜる。煮立ってとろみがつくまで、ゆっくり混ぜながら加熱する。

二、ゆで卵を作る。69ページと同様のゆで方で、沸いてから約6分間加熱して半熟卵を作り、殻をむく。

三、ボウルにBを入れて混ぜ、衣を作る。

四、殻をむいた卵に小麦粉をまぶし、**三**の衣をからめ、180℃（一度水でぬらして拭いた菜箸を入れたとき、シュワシュワと勢いよく泡が出る状態／高温）に熱した油に入れる。

五、約1分後、衣に火が通ったら引き上げる。

六、縦半分に切って器に盛る。温めた**一**のあんをかける。

加《か》味《やく》丁《ちょう》子《じ》焼《やき》卵

シナモン入り卵焼き

ほのかに香るスパイス、ほんのりした甘みのお菓子のような卵焼き。半熟状態に加熱してから焼きます。

材料（作りやすい分量／卵焼き器［18×13㎝］1枚分）

卵—4コ

A
- だし—カップ1/4
- みりん—大さじ1
- うす口しょうゆ—小さじ1
- 砂糖—小さじ1/2
- シナモンパウダー—1つまみ
- ナツメグパウダー—1つまみ

サラダ油—適量

◎特に用意する道具

・卵焼き器（18×13㎝／表面加工のしてあるものが焼きやすい）

作り方

一、ボウルに卵を割り入れて菜箸で溶き、Aを加えて混ぜ合わせる。

二、小鍋に一を入れ、弱火にかける。泡立て器で混ぜながら、約3分間弱、白っぽく半熟状態になるまで加熱する。

三、卵焼き器にサラダ油を薄くひき、ペーパータオルでサッと拭く。二を移し入れてゴムべらでならし、アルミ箔《はく》をかぶせてふたをし、ごく弱火にかけて約5分間焼く。九分《ぶ》どおり火が通ったら鍋ぶたなどを使って返し、再びアルミ箔をかぶせて約3分間焼く*。

*途中、火が当たる場所を変えながら焼くと色ムラなく焼ける。

四、好みの形に切り分け、器に盛る。

牡《ぼ》丹《たん》卵

包みゆで卵のスープ仕立て

澄んだスープの中で咲くぼたんのよう。紙の中でゆでるところを、現代風にラップを使えば簡単に作れます。

材料（2人分）

卵—2コ
A［水—カップ1
　固形スープの素《もと》（洋風）—1/2コ
　塩—少々
　こしょう—少々
サラダ油—少々
パセリ（みじん切り）—少々
◎特に用意する道具
・輪ゴム—2本

作り方

一、Aを小鍋に入れて中火にかける。ひと煮立ちさせ、スープを作っておく。

二、耐熱のラップを小さなボウルもしくは湯飲み茶碗《わん》2コに敷き入れ、サラダ油を薄く塗る。

三、卵を1コずつ**二**に静かに割り入れる。ラップの上部をねじって、口を輪ゴムでとめる。

四、鍋に**三**を閉じ口を上にして入れ、水を輪ゴムの高さくらいまで注ぎ入れて、中火にかける。煮立ったら弱火にし、約5分間ゆでる。

五、水にとって粗熱を取る。

六、手で触れるほどになったら引き上げて輪ゴムとラップを外し、器に盛る。パセリをふる。**一**を温めて注ぐ。

（卵を識る　その二）

だし巻き卵を極める

お弁当に、ご飯やお酒のお供に、と人気のだし巻き卵。『卵百珍』には未登場ですが、ここでは奥村流のとっておき関西風のだし巻き卵を紹介します。

材料

卵（鮮度のよいもの）— 3コ
だし — 卵の½量
A ┌ みりん — 小さじ1
　│ うす口しょうゆ — 小さじ1
　└ かたくり粉 — 小さじ⅔
サラダ油 — 適量

作り方

一、ボウルに卵を割り入れて、小さめの泡立て器でコシが切れるまで溶きほぐす。卵の重量を測り、その½量のだしを別のボウルに入れ、Aを加えて混ぜる。溶いた卵に余さず加え、菜箸で混ぜる。

二、卵焼き器に薄く油をひき、弱めの中火にかける。ペーパータオルで余分な油を軽く拭く。一の卵液を1滴落としてすぐ固まるようになったら、卵液＊の約⅕量を手前に流し、卵焼き器を傾けて奥に広げる。表面が乾ききる前に奥から手前に巻き、巻いた卵を奥に移動させる。再び卵液の約⅕量を手前に流し、巻いた卵の下にも卵液が入るように卵焼き器を傾け、菜箸を差し入れて広げる。奥から手前に卵を巻き、卵液がなくなるまでこれを繰り返す。

＊かたくり粉が沈殿するので、玉じゃくしでボウルの底から混ぜながらすくって流すとよい。

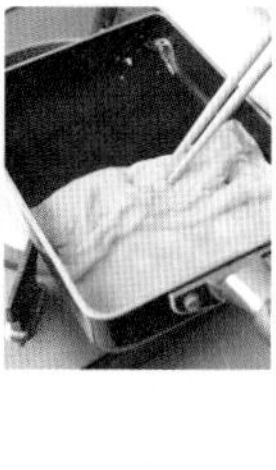

三、卵液がなくなったら、うっすらと表面にきれいな焼き色がつくように形を整えながら焼く。巻きすにとり、軽く巻いて形を整える。

三、野菜・きのことともに

たんぱく質や脂質、ビタミン類など栄養豊かな卵に野菜やきのこを組み合わせれば、栄養面からも風味や食感の面からも鬼に金棒。ここでは、そんな料理を選んで紹介します。

『卵百珍』原本の「卵膾《たまごなます》」は薄焼き卵とゆで卵を使用していますが、薄焼き卵のみを使って、野菜、きのことあえ物にしました。

『卵百珍』原本にみる

「卵鱠《たまごなます》」

一、たまごをずいぶんうすく焼《やき》て、長サ一寸ほどにほそくきり、扨又煎貫《さてまたにぬき》たまごの白《しろ》味《み》をみだれ切《きり》にうすくきり、黄味《きみ》はこまかに、手にてもみ、さて、熬酒《いりさけ》にて右のきみを合《あは》セ、とくとすり合《あは》セ、生姜《せうが》の汁か、山葵《わさび》かを入レ、右せんきりたまごを入《いれ》ル。但《たゞ》し少し大根おろしを、いれるもよし。多分《をゝき》はあしし。

現代語訳◎卵を大層薄く焼いて、長さ1寸（3㎝）くらいに細く切る。ほかにゆで卵の白身を乱切りに薄く切る。黄身は手で細かくもみ、煎り酒*を入れ、じっくりとすり合わせる。しょうがの絞り汁かわさびかを入れ、先のせん切り卵を入れる。大根おろしを少し入れるのもよい。（大根おろしを）多く入れるのはよくない。

*古酒（長期熟成した酒）に梅干しと削り節を入れて煮詰め、こしたもの。

卵膾《たまごなます》

薄焼き卵とみつばのおろしあえ

細く切った薄焼き卵に、みつばときくらげ、大根おろしを合わせて、色合いと食感豊かなあえ物に。

材料（2人分）

薄焼き卵

- 卵 ― 1コ
- 塩 ― 1つまみ
- 砂糖 ― 1つまみ

みつば ― 5本

きくらげ（乾）― 1g

（戻した状態で6g）

大根おろし ― 80g

三杯酢* ― 大さじ1

しょうが汁 ― 小さじ1/6

サラダ油 ― 適量

*酢カップ1、うす口しょうゆ大さじ3、砂糖大さじ3を混ぜる。残りは酢の物に使うとよい。

◎特に用意する道具

・卵焼き器（18×13cm／表面加工のしてあるものが焼きやすい）

・竹串

作り方

一、薄焼き卵を作る。ボウルに卵を割り入れてカラザ*を除き、菜箸を横にスライドさせるように動かして混ぜ、コシを切る。塩、砂糖を加えて混ぜる。

*卵黄から出ている白いひも状のもの。

二、卵焼き器にサラダ油を薄くひいて、弱めの中火にかけ、余分な油をペーパータオルでサッと拭く。**一**の卵液を1滴落としてすぐに固まるようになったら、卵焼き器を手前に傾けて**一**の卵液の1/2量を流し入れ、奥に流し、全体に広げる。

三、周囲が白っぽくなり表面が乾いたら、竹串で周囲をはがし、横から差し入れて持ち上げ、返す。（a）

四、約10秒間焼いたら、ペーパータオルを敷いたバットに取り出す。残りの卵液でさらに1枚焼く。

※弱火でじっくり焼くより、中火でサッと焼くほうが香りも歯触りもよい。

五、薄焼き卵を縦半分に切って重ね、幅約5㎜の細切りにする。

六、みつばは葉は1枚ずつつまみ、茎は3㎝長さに切る。きくらげは袋の表示どおりに戻してせん切りにする。

七、ボウルに**五**の薄焼き卵、**六**のみつばときくらげ、大根おろし、三杯酢、しょうが汁を入れてあえる。

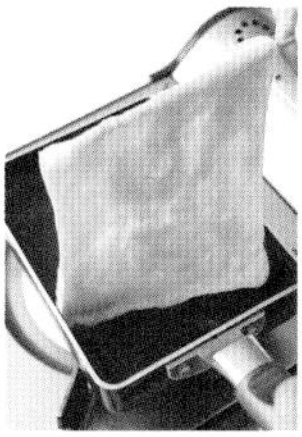

a

包み蒸《むし》卵

小松菜の巣ごもり卵

半熟卵をつぶし、小松菜と吸いだしにからめてどうぞ。原文どおり、冬は大根の芯葉を使っても。

材料（2人分）

卵—2コ
小松菜—約1/3ワ（120g）
A
　だし—大さじ4
　うす口しょうゆ—小さじ1
　みりん—小さじ2
　かたくり粉—小さじ1
みりん—小さじ2
しょうゆ—小さじ2
黒ごま—小さじ1
しょうが（みじん切り）—小さじ1
ごま油—小さじ2

◎特に用意する道具
・お椀《わん》のように深さがある耐熱の器—2コ

作り方

一、小松菜は塩少々（分量外）を加えた湯で約1分間ゆでる。水にとって色止めをし、水けをきってからみじん切りにして軽く絞る。

二、Aを小鍋に入れて中火にかけ、混ぜながら煮立たせて吸いだしを作る。

三、**一**の小松菜をボウルに入れ、みりん、しょうゆ、黒ごま、しょうが、ごま油を加えてよく混ぜる。

四、耐熱の器2コに**三**を等分に入れ、表面を平らにする。中央に卵を割り入れる。

五、**四**を蒸気の立った蒸し器に入れ、中火で約5分間蒸す。温めた**二**の吸いだしを等分にかける。

松茸《まつたけ》煮込み卵

しいたけの卵射込《いこ》み焼き

まつたけを使うところをしいたけに。ベーコンなどを加えた、食べごたえ十分の洋風おかずです。

材料（2人分）

卵—1コ
生しいたけ—（大）4枚
かたくり粉—適量
A［ベーコン（薄切り／5mm四方に切る）—大さじ2
　しょうゆ—小さじ½
　みりん—小さじ½
ピザ用チーズ—30g
ししとうがらし—4コ
サラダ油—適量
トマトケチャップ（ピザ用ソースでもよい）—適量

作り方

一、ボウルに卵を割り入れ、Aを加えて泡立て器で混ぜる。小さめのフライパンにサラダ油少々を入れて弱めの中火にかけ、卵液を流し入れ、ゴムべらで混ぜながら半熟状にする。火を止め、ピザ用チーズを加え、混ぜる。

二、しいたけは軸を切り除く。サッと洗って水けを取り、かさの裏にかたくり粉を薄くまんべんなくふる。一を等分にのせる。

三、一のフライパンをサッと拭き、サラダ油少々をひく。二を卵を上にして並べ、強火にかける。ジュクジュク音がしたら弱めの中火にしてふたをし、5分間、火が通るまで焼く。

四、ししとうがらしは縦に切り目を入れ、サラダ油をひいたフライパンで転がしながら焼き、三とともに器に盛る。三にトマトケチャップ少々をのせる。

四、海藻・豆腐とともに

味も香りも優しい卵は、さまざまな食材と組み合わせることができます。ここで紹介するのは、独特の磯の香りで個性が強い海藻、淡泊な味と柔らかな食感で卵との共通点もある豆腐との組み合わせです。

最初の「海《の》苔《り》巻《まき》卵」は卵焼きをのりで巻いたあと、『卵百珍』のようには蒸さずになじませるだけに。しっかりした味の卵焼きがのりと好相性です。

『卵百珍』原本にみる
「海苔《のり》巻《まき》卵」

一、たまごをなべにて丸焼《まるやき》にして、焼《やき》めのつかぬやうにやきて、扨水前寺《さてすいぜんじ》のりをしばらく水に漬《つけ》て、とりあけ、よく水をふき、扨《さて》板の上にひろげて、寒晒《かんさらし》の粉《こ》に葛《くす》の粉《こ》半分合《あは》セ、右海苔《のり》の上にうすく蒔《まき》て、たまごの白味《しろみ》をすこしぬり、右の焼《やき》たまごをのせ、ずいぶん巻〆《まきしめ》て、扨《さて》上を布に巻《まき》、せいろうにいれ、むし、冷《さま》して、いかやうにもきるへし。

現代語訳◎卵を焼き目がつかないように、鍋で丸焼きにする。水前寺のり＊1をしばらく水につけてから取り上げ、よく水を拭き、板の上に広げる。寒ざらし粉＊2に、くず粉を半分混ぜる。のりの上に薄くふりかけ、卵の白身を少し塗り、先の焼き卵をのせてきつく巻き締める。さらに布で巻き、せいろに入れて蒸す。冷ましてから好きなように切る。

＊1　熊本市の水前寺でとれる緑の藻。川たけともいう。これをすり、瓦に塗り重ねて乾燥させたのり。

＊2　白玉粉。

海苔《のり》巻《まき》卵

簡単だし巻き卵ののり巻き

材料（作りやすい分量）

卵 — 2コ

A
- 砂糖 — 大さじ1
- みりん — 大さじ1
- 水 — 大さじ1
- しょうゆ — 小さじ1
- 削り節（細かくもむ）— 小さじ$\frac{1}{2}$

サラダ油 — 適量

のり（全形）— 1枚
（卵焼き器の横幅よりも少し大きめ）

紅しょうが — 適宜

◎特に用意する道具

・卵焼き器（約18×13cm／表面加工のしてあるものが焼きやすい）

・巻きす

作り方

一、簡単だし巻き卵を作る。ボウルに卵を割り入れ、泡立て器かフォークでよく溶き、Aを加えて混ぜる。

二、卵焼き器に薄く油をひき、弱めの中火にかける。**一**の卵液を1滴落としてすぐ固まるようになったら、卵液の約$\frac{1}{5}$量を手前に流し、卵焼き器を傾けて奥に広げる。表面が乾ききる前に奥から手前に巻き、巻いた卵を奥に移動させる。再び卵液の約$\frac{1}{5}$量を手前に流し、巻いた卵の下にも卵液が入るように卵焼き器を傾け、菜箸を差し入れて広げる。奥から手前に卵を巻き、途中何度か油をひきながら、卵液がなくなるまでこれを繰り返す。（a）

＊81ページの「だし巻き卵を極める」も参考に。

三、だし巻き卵が焼き上がったら、巻きすにとって巻き、整形する。

四、のりを広げ、のりの左端を約5mmあけてだし巻き卵を横長に置く。だし巻き卵の右端から約5mm離してのりを切る＊。

＊卵を巻くとのりが縮むので、だし巻き卵より左右5mm大きくのりを切る。

五、**四**を巻き終えたら、しばらくおいてなじませる。

六、のりがなじんだら、食べやすい幅に切り、器に盛る。好みで切った紅しょうがを添えてもよい。

a

だしたっぷりのだし巻き卵は難しいものですが、細かくもんだ削り節を使って失敗なく焼き上げる関東風のレシピです。のりを巻くだけで、磯の香り豊かに。お弁当にもおすすめ。

磯《いそ》菜《な》卵

のりかけポーチドエッグ

作り方は原本とほぼ同じですが、マヨネーズで現代風に。ポーチドエッグのまろやかさが引き立ちます。

材料（2人分）

卵＊1―2コ
酢―大さじ2
塩―小さじ2
青のり粉―約小さじ2
わさび―少々
マヨネーズ―適量
めんつゆ（ストレート）＊2―適量

＊1　固まりやすいので、なるべく新鮮なものを使用する。
＊2　しょうゆ、天つゆでもよい。

作り方

一、鍋に水1ℓを入れて中火にかける。沸いたら、酢、塩を加えて＊混ぜる。卵を割って玉じゃくしに移し、湯の際から静かに入れる。卵白が散ったら手早く優しく卵黄に寄せ、4分間加熱する。（a）

＊酢と塩を加えると、卵白が固まりやすくなる。

二、一の卵を網じゃくしで氷水にとる。

三、粗熱が取れたら引き上げてペーパータオルで水けを取り、器に盛る。

四、青のり粉、わさび、マヨネーズをのせる。めんつゆを注ぎ入れる。

a

卵豆腐

卵と豆腐のふんわり焼き

卵と豆腐を合わせて焼く〝ふくさ焼き〟をえびを加えて、風味豊かに。ふわふわ食感も魅力です。

材料（約18×13cmの卵焼き器1枚分）

卵—2コ
木綿豆腐—½丁（180g）
えび（ブラックタイガーなど／殻をむく）—（中）約4匹（正味約75g）
砂糖—大さじ3
しょうゆ—小さじ1強
ごま油—適量

◎特に用意する道具
・フードプロセッサー
・卵焼き器（約18×13cm／表面加工のしてあるものが焼きやすい）

作り方

一、豆腐は約150gになるまで水きりをする。

二、えびをなめらかになるまでフードプロセッサーにかける*。一の豆腐、卵の順に加えてさらに混ぜる。砂糖、しょうゆを加える。

*包丁でペースト状になるまでたたいてもよい。

三、卵焼き器にごま油をひいて二を流し入れ、アルミ箔《はく》でふたをして、ごく弱火にかける。15～20分間焼いたら、鍋ぶたなどを使って返し、アルミ箔でふたをして7～10分間焼く。(a)

※途中、火が当たる場所を変えながら焼くと色ムラなく焼ける。

四、食べやすく切り、器に盛る。

a

豆腐かす蒸《むし》卵

卵入りおから煮

「豆腐かす」とは、おからのこと。揚げた卵をうずめて蒸す原本のニュアンスを生かして、卵を混ぜ込んだおから煮に。

材料（作りやすい分量／4人分）

- 卵 — 2コ
- おから — 100g
- 豚ひき肉 — 30g
- にんじん — 45g
- ごぼう — 15g
- 干ししいたけ（水で戻す）—（小）1枚
- 細ねぎ（小口切り）— 30g
- A
  - だし — カップ3/4
  - 豆乳（無調整）— 大さじ3
  - 砂糖 — 大さじ2
  - うす口しょうゆ — 大さじ1と小さじ1/2
  - 酒 — 大さじ1
- ごま油 — 大さじ1 1/2

作り方

一、卵はボウルに割り入れ、溶く。にんじんは厚さ3mmのいちょう切りにする。ごぼうは細めのささがきにして水にくぐらせる。しいたけは縦半分に切ってから薄切りにする。

二、鍋にごま油、豚ひき肉を入れて中火にかけ、へらでほぐしながら炒める。ひき肉がパラパラになったら、一の野菜を加えて炒める。

三、野菜に火が通ったらおからを加え、炒める。

四、全体に油が回ったら、Aを加える。ジュクジュクいい始めたら弱めの中火にし、時々混ぜながら、約10分間煮る。汁けがほぼなくなったら一の溶き卵を加え、へらでよく混ぜ込む。

五、均一になったら弱火にし、水けをとばす。細ねぎを加えて混ぜ、火を止める。

（卵を識る その三）

江戸の卵事情

卵が一般的に食べられるようになったのは江戸時代から。とはいえ、養鶏が盛んだったわけではなく、高嶺《たかね》の花の食材でした。

現在、日本人は1年に1人当たり約330個もの卵（加工品を含む）を食べているといわれています。しかし、肉食が禁忌とされたこともあってか、江戸時代以前に鶏肉や卵が食用として根づくことはありませんでした。卵が料理に用いられるようになっていったのは、室町時代以降、ポルトガルなどから持ち込まれたカステラやボーロといった南蛮菓子の影響もあったのかもしれません。

江戸時代前～中期にあたる元禄《げんろく》期（1688～1704年）以降には、本格的に卵を料理して食べるように。江戸などの都市近郊の農家では庭先で放し飼いにした鶏から採卵し、都市で売っていました。江戸時代後期の三都市（江戸、大坂、京都）の風俗を記した『守貞《もりさだ》漫稿《まんこう》』（天保《てんぽう》八年（1837）～嘉永《かえい》六年（1853）成立。慶《けい》応《おう》三年（1867）ごろまで加筆）にはゆで卵売りが登場していますが、かけそば一杯が十六文の時代に一個二十文だったということから、かなり高価なものであったと推測できます。

江戸時代後期には、卵焼き器などの登場とともに、卵の調理法も進化。卵とじや卵焼きなど現在でも親しまれている卵料理も、ほぼ出そろいます。

卵編

五、魚・肉とともに

『卵百珍』の時代は魚介や肉の流通はままならないものでしたが、原本には魚介や肉を卵と合わせた料理が10品余り登場します。

最初に取り上げる「鳥の煮込み卵」は小がもなどの肉でゆで卵を包んで蒸すという現代にも通じる一品ですが、作りやすく、ボリュームたっぷりのおかずにアレンジします。

『卵百珍』原本にみる

「鳥《とりの》煮《に》込《ごみ》卵」

一、小鴨《こかも》か、鴫《しぎ》か、鳩《はと》かをほねを袋ぬきにして、（中略）扨《さて》煎《に》貫《ぬき》たまごのかわをさり、鳥の身の中へながてにいれて、うどん粉に寒《かん》ざらしの粉《こ》を等分に合《あは》セ、すこしふりて、白味《しろみ》を少しぬりて、鳥の身をよく〆巻《しめまき》にして、両はし、又《また》は合《あは》セ目を麻糸にて縫〆《ぬいしめ》て、薄布《うすきぬの》にて巻《まき》、むして、よくさまし、小口切《こくちきり》にすへし。其《その》とき、糸をときてよし。

現代語訳◎小がもか、しぎか、はとの骨を袋抜き＊にして、（中略）ゆで卵は殻をむき、鳥の肉の中に長めに入れる。小麦粉と白玉粉を同量ずつ混ぜ合わせ、鳥の肉に少しふりかける。卵の白身を少し塗って鳥の肉をしっかりと巻き締め、両端、あるいは合わせ目を麻糸で縫い、薄い布で巻く。これを蒸してよく冷まし、糸をほどいて小口切りにする。

＊鳥の姿を損なわず、骨を抜くこと。肛門と首から刃を入れて抜き取る。

鳥の煮込み卵

ゆで卵入り鶏ハンバーグ

材料（2人分）

卵＊—2コ
小麦粉—大さじ1
A
鶏ひき肉（もも）—200g
しょうが（すりおろす）—小さじ1
かたくり粉—大さじ3強
酒—大さじ1
みりん—大さじ½
しょうゆ—大さじ½
ごま油—小さじ½
B
酒—大さじ2
しょうゆ—大さじ1
みりん—大さじ1
砂糖—小さじ2
オリーブ油—大さじ1

＊常温に戻しておく。できれば、その後、水に約1時間浸しておくと、殻が水分を含むので、ゆでたあとにむきやすくなる。

作り方

一、卵は69ページと同様のゆで方で、沸いてから約6分間加熱してゆで卵を作り、殻をむく。

二、Aをボウルに入れる。ゴムべらで粘りが出るまでよく混ぜて（a）、半量に分ける。

三、**一**のゆで卵に小麦粉をまぶす。手に水をつけ、**二**で卵を1コずつ包む。（b）

四、フライパンにオリーブ油を入れて弱火にかける。**三**を入れる。ゆっくり転がしながら全面を焼く＊。（c）

＊初めはフライ返しで、表面が固まってきたら太めのトングを使うとよい。

五、全面に焼き色がつき、ひき肉ダネにしっかり火が通ったら、フライパンの余分な脂をペーパータオルで拭き取る。

六、Bを加えてゆで卵入り鶏ハンバーグによくからめて取り出す。斜めに半分に切って器に盛る。残ったたれをとろりとするまで少し煮詰めてかける。

a

b

c

原本では、骨を抜いた小がもなどでゆで卵を包んで蒸し上げますが、ここではスコッチエッグ風に。鶏ひき肉でゆで卵を包み、甘辛いたれをからめて焼きます。衣をつけて揚げても。

野《の》煮《に》卵

たいの卵とじ

みつばと粉ざんしょうで料理名の野趣を表現しました。かもや豚、鶏肉、うなぎ白焼きやかき、白魚などでも。

材料（1人分）

卵—1コ
たい＊（皮付き）—60g
みつば—6本
A
- だし—大さじ6
- みりん—小さじ2
- しょうゆ—小さじ2
- 砂糖—小さじ1

粉ざんしょう—少々

＊すずきなどほかの白身魚でもよい。

◎特に用意する道具
・小さめの浅い土鍋（直径約18cm）

作り方

一、卵は小さめのボウルに割り入れ、溶く。たいは7mm厚さに切る。みつばは葉は摘み取り、茎は3cm長さに切る。

二、Aを土鍋に入れ、中火にかける。煮立ったらたいとみつばの茎を入れ、再び煮立ったらみつばの葉を加える。

三、たいに火が通ったら、一の溶いた卵を鍋の中心から外側に向かって回し入れる。半熟になったら火を止め、ふたをする。吹きこぼれに注意。

四、ふたを外し、粉ざんしょうをふりかけて食べる。

卵味噌《たまごみそ》

たいの卵酢みそあえ

中辛の米みそや酢、ごま油でコクのあるあえ衣に。たいやまぐろの赤身のほか、蒸し鶏などもおすすめ。

材料（2〜3人分）

卵酢みそ*

A
- 卵黄 ― 3コ分
- みそ（中辛の米みそ）― 75g
- 酒 ― 大さじ3

B
- 卵 ― ½コ分
- 黒ごま ― 大さじ½
- 砂糖 ― 50g
- 酢 ― 小さじ2

たい（刺身用／スライスしたもの）― 150g
細ねぎ（小口切り）― 1本分
ごま油 ― 小さじ1
きゅうり（好みに切る）― 適量
細ねぎ（小口切り／仕上げ用）― 適量

*あえ衣の卵酢みそは、冷蔵庫で約1か月間保存できる。

作り方

一、Aを小鍋に入れて混ぜる。弱火にかけ、泡立て器で混ぜながら約4分間、少し白っぽくなるまで加熱する。

二、Bを加え、混ぜながら加熱し、フツフツと煮立ったら火を止める。別の容器に移して冷ます。

三、たいを小さめのボウルに入れる。**二**の卵酢みそ大さじ2、細ねぎ、ごま油を加えてあえる*。

*あえてすぐ食べられるが、1時間くらいおいたあとがおいしい。

四、器に盛ってきゅうりを添え、仕上げ用の細ねぎをふる。

長崎卵《たまご》飛龍頭《ひりょうず》

卵と鶏のひりょうず風

原本と同じく、卵を使ったタネを揚げる前に蒸すことで、揚げ時間を短縮し、ふんわりとした揚げ上がりに。原本の「焼きぐり」「かりなどの野鳥」を作りやすく、くるみ、鶏肉にかえました。

材料（2〜3人分）

卵 — 5コ

A
- 鶏もも肉 — 80g
- くるみ — 4コ（35g）
- きくらげ（乾） — 1.4g（戻して10g）
- しょうゆ — 大さじ1
- みりん — 大さじ1
- 小麦粉 — 大さじ2
- 黒ごま — 小さじ1
- 黒こしょう（粗びき） — 適量

揚げ油 — 適量

ししとうがらし — 6本

にんにく（薄切り） — 1かけ分

しょうゆ — 適量

大根おろし — 適量

◎特に用意する道具

・流し缶（約15×11㎝）など耐熱容器

作り方

一、鶏肉、くるみは5㎜角に切る。きくらげは表示どおりに戻してみじん切りにする。

二、卵をボウルに割り入れて溶き、Aを加えて泡立て器で混ぜる。均一になったら小鍋に移し入れて中火にかけ、泡立て器で混ぜながら半熟程度に加熱する。

三、耐熱容器に入れ（a）、中火以下の蒸し器で約10分間蒸す。

四、蒸し終わったら、スプーンで大きくすくい＊、180℃（一度水でぬらして拭いた菜箸を入れたとき、シュワシュワと勢いよく泡が出る状態／高温）に熱した油に入れる。

＊約10コできる。

五、表面がカリッとしたら、網じゃくしで引き上げる。（b）

六、ししとうがらしは包丁で縦に切り目を入れ、170℃（一度水でぬらして拭いた菜箸を入れたとき、スーッと細かい泡が出る状態／中温）の油でサッと素揚げする。にんにくは160℃（一度水でぬらして拭いた菜箸を入れたとき、ゆっくり細かい泡が出る状態／低温）の油でゆっくり返しながら素揚げする。

七、**五**と**六**のししとうがらしを器に盛り、大根おろしを添える。別皿に**六**のにんにく、しょうゆを入れる。

a

b

六、ご飯・餅とともに

卵かけご飯、鍋のシメの卵ぞうすい、卵チャーハンなど卵とご飯の相性は言わずもがな。『卵百珍』にも卵をご飯や麺と合わせた料理が登場しています。

風変わりなのが「麦飯《ばくはん》卵」。麦飯を一度洗って卵を混ぜ込んで再度炊き、汁をかけるという手の込みようですが、ここでは麦飯にふわとろの卵あんをかけて作りやすくアレンジします。

『卵百珍』原本にみる「麦飯《ばくはん》卵」

一、大麦を凡《をよそ》五合ほどよくよばし、水にて洗ひて飯に焚《たき》、尤《もつと》も米を二合ほど入《いれ》ルなり。飯焚《たき》上ケて、右の麦めしを籬《いかき》に入レて、水の中にてよく洗ひ、水を掛《かけ》、雫《しづく》をたらし、扨又《さてまた》釜に入レるとき、此《この》中へ玉子を廿五《にじふご》ほど、わりて、よく交《ませ》、古酒を小盃《こさかつき》に一はい半入《いれ》、右の麦飯《ばくはん》の中へよく交合《まぜあは》セて、扨《さて》炭火にて焚《たく》べし。（中略）扨《さて》汁は甘口にすへし。加味《かやく》は見合《みあは》すへし。

現代語訳◎大麦を約5合ほどたっぷりの湯で煮てふやかし、水で洗って、米を2合ほど混ぜて飯に炊く。飯を炊き上げてから、麦飯をざるに入れ、水の中でよく洗い、水をかけて滴を切る。これを釜の中に入れるとき、一緒に卵を25個ほど割ってよく混ぜ、古酒を小盃に1杯半入れ、炭火で炊く。（中略）汁は甘口にする。具は見計らって入れる。

麦《ばく》飯《はん》卵

麦飯の卵あんかけ

主材料は変えずに作りやすくアレンジ。ふわふわの卵あんが心和む味です。いつでもすっとおなかに収まりそう。

材料（1～2人分）

卵―1コ
もち麦（ゆで、または蒸したもの＊）―80g
ご飯（温かいもの）―160g
ハム（できれば厚切り）―2枚
細ねぎ（小口切り）―1本分
A
だし―カップ1
しょうゆ―小さじ2
みりん―小さじ2
B
水―大さじ1
くず粉（かたくり粉でもよい）―小さじ2

＊市販、または、もち麦を表示どおりにゆでる。

作り方

一、卵は小さめのボウルに割り入れ、溶く。ハムは5㎜四方に切る。Bは小さめのボウルに入れて混ぜる。

二、Aとハムを小鍋に入れ、中火にかける。煮立ったら弱火にし、細ねぎを加える。Bを流し入れて、とろみをつける。

三、卵を少しずつ加え、よく混ぜながら火を通し、ふわふわにする。（a）（b）

四、もち麦、ご飯をボウルに入れてサックリと混ぜ、器に盛る。三をかける。

a

b

小《お》倉《ぐら》名《めい》物《ぶつ》卵《たまご》餅《もち》

みそ風味卵からめ餅

白みそを混ぜてコクとまろやかさがアップした卵液をお餅にからめて。卵かけご飯に通じるおいしさです。

材料（2人分）

卵 — 2コ
餅（のし餅を切ったもの、丸餅など）— 2コ
白みそ — 大さじ3
酒* — 大さじ1
大根おろし — 約小さじ2
みつば（茎の部分）— 適量

*子供やお酒が苦手な人には、だしか水にかえる。

作り方

一、餅は沸騰した湯に入れ、柔らかくなるまで約5分間ゆでる*。みつばはサッとゆで、3cm長さに切って水けを絞る。

*焼いてもよい。

二、小さめのボウルに白みそを入れ、酒を加えて溶き混ぜる。別のボウルに卵を割り入れて溶き、溶き合わせた白みそと酒を加えて混ぜる。（a）

三、一の餅を椀《わん》に入れる。二をかけ、大根おろし、みつばをのせる。

a

碾《ひき》割《わり》麦《むぎ》卵《たまご》じめ

たたきとろろ丼の卵黄のせ

たたいた山芋に納豆を合わせたネバネバ丼を、卵黄でパワーアップ。白みそのまろやかさが効いています。

材料（2人分）

- 卵黄—2コ分
- 山芋（つくね芋、いちょう芋など）—100g
- 酢水*1—適量
- 白みそ—大さじ1強（20g）
- もち麦（ゆで、または蒸したもの*2）—60g
- ご飯（温かいもの）—180g
- 納豆（大粒。たたいても）—40g
- A
  - 細ねぎ（小口切り）—½本分
  - 削り節（糸がき）—小さじ2
  - しょうゆ—小さじ⅔
  - 練りがらし—適量

*1 酢の量は水の約5%が目安。
*2 市販、または、もち麦を表示どおりにゆでる。

作り方

一、山芋の皮をむき、酢水に約5分間浸してから水洗いする。7㎜幅に切り、包丁の背で細かくたたく。ボウルに入れ、白みそを加えてゴムべらで混ぜる。（a）

二、ボウルに納豆、Aを入れ、菜箸でよく混ぜ合わせる。

三、もち麦、ご飯をボウルに入れて、しゃもじかへらでサックリと混ぜ、器に盛る。一、二をかけ、中央に卵黄をのせる。

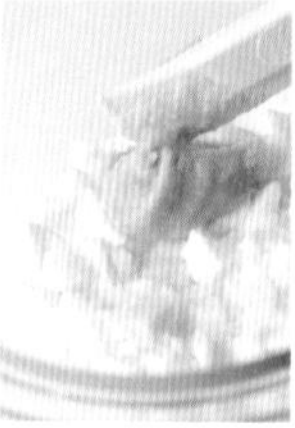

a

卵ぞうすい

白みそ卵ぞうすい

みそ汁で炊いた昔風のぞうすい。卵黄が、鶏ひき肉のうまみとごぼうの風味を引き立てます。

材料（2人分）

卵黄 — 2コ分
米 — 大さじ3
白みそ — 大さじ2強（40g）
鶏ひき肉 — 50g
ごぼう — 20g
だし — カップ2
細ねぎ（小口切り）— 少々

作り方

一、米は洗って水に30分間浸し、水きりする。ごぼうはささがきにして水にくぐらせる。

二、だしを小鍋に入れて中火にかける。煮立ったら、鶏ひき肉を入れ、泡立て器でほぐす。ひき肉がパラパラになったらごぼうを加え、火が通ったら**一**の米を加え、米が静かに舞う程度の火加減にし、混ぜずに約13分間煮る。

三、ボウルに白みそを入れ、**二**の煮汁を大さじ1½すくい取って加えて溶き、鍋に加える。

四、2分間たったら、卵黄を1コずつ入れ、卵黄の表面が少し白くなるぐらいまで2〜3分間煮る。

五、器に盛り、細ねぎをのせる。

卵編

七、スイーツ、デザートに

卵はスイーツ、特に洋のスイーツには大切な食材。『卵百珍』に登場するデザートにもポルトガル由来のものがあります。

最初に紹介する「卵ぞうめん」もその一つ。現在、「鶏卵そうめん」などとして市販されていますが、家庭でもほぼ原本どおりの方法で簡単に作れます。次の「カステラ卵」は、原本では卵を泡立てずに作りますが、ここではしっかりと泡立て、スポンジケーキに近い食感に。一方、「冷やし卵羊《よう》羹《かん》」「饅頭《まんじゅう》卵」は和のデザート。著者・器土堂主人の遊び心がうかがえます。

『卵百珍』原本にみる「卵素麺《たまごそうめん》」

一、上々小倉《おくら》たまごを廿五《にじふご》、又《また》家鴨《あひる》のたまご三ッ、右二品《ふたいろ》ともに白味《しろみ》をとり、黄《き》味《み》ばかりを布にてしぼり、こしよく拌《もみ》て、扨《さて》上々白砂糖二斤、水一升、右さとう水、よくかきまぜて、又卵《たま》の白味ばかりを十五ほど入レせんじ、水嚢《すいのう》にてこし、又せんじて、沫《あは》の立《たつ》とき、竹の筒のふしの薄きに穴をあけて、此《この》中へ右のたまごを白ざとう湯の煎立《にへたち》し上へ、そろ〳〵とながし入レて、金ノあみ杓子《しやくし》にてすくい上ケ水へ入レ、さますへし。

現代語訳◎上等の小倉卵＊1 25個とあひるの卵3個とも白身を取り除き、黄身だけを布で絞りこして、よくもむ。上等の白砂糖2斤（1.2kg）に水1升（1.8ℓ）を混ぜた砂糖水をよくかき混ぜる。一方、卵の白身だけを15個ほど煮詰め、すいのう＊2でこす。さらに煮詰めて泡が立ってきたら、それを、穴を開けた節の薄い竹の筒の中に入れる。つまり、白砂糖湯が煮立っている上へ、先の卵を竹の筒でそろそろと流し入れ、網じゃくしですくい上げ、水へ入れて冷ます。

＊1　あずき色の卵、赤卵のことと考えられる。

＊2　だしなどをこしたり、食品の水けをきるための目の細かいふるい。

卵ぞうめん

卵黄めんのシロップゆで

原本ではあひるの卵も使いますが、鶏卵の卵黄だけを使って。甘みが控えめな分、卵黄の力強いコクが味わえます。

材料（作りやすい分量／約4人分）

- 卵黄 — 3コ分
- A 砂糖 — 300g
- 　 水 — カップ1½
- 金平糖 — 適量

◎特に用意する道具

- ・絞り袋（市販／使い捨て）— 1枚
- ・揚げ物用バット（金網と受け皿がセットになったもの）

作り方

一、鍋にAを入れ、強火にかけて煮立たせ、シロップを作る。卵黄をボウルに入れ、カラザと薄い膜を取り除いて溶く。

二、絞り袋に一の卵黄を入れ、袋の先を直径2㎜くらいになるように切る。

三、一の煮立たせたシロップの中に卵黄を約¼量、円を描くように絞り出す。（a）

四、菜箸で軽く混ぜて早く固め、互いがくっつかないようにする。完全に固まったら、網じゃくしでペーパータオルを敷いた揚げ物用バットにとってシロップをきる。残りの卵黄も同様にする。器に盛り、金平糖をのせる。

※鍋に残ったシロップは容器に入れて保存可能。菓子や煮物に使える。

a

カステラ卵

ふんわり卵ケーキ

身近な材料のみで型も使わずに焼くので、手軽で簡単。素朴な風味にコーヒーがピッタリ。

材料（作りやすい分量／天板［23×27㎝］1枚分）

卵—4コ
砂糖（三温糖やきび糖でもよい）—200g
薄力粉—200g

◎特に用意する道具
・ハンドミキサー
・粉ふるい（目の細かい金ざるでもよい）
・オーブンの天板—1枚
・オーブン
・オーブン用の紙

作り方

一、卵を大きなボウルに割り入れ、ハンドミキサーで溶く。均一になったら砂糖を加え、ようじを刺すと立つくらいまでよく泡立てる。

二、薄力粉を粉ふるいでふるう。3回に分けて**一**に加え、そのつどゴムべらで切るようにして混ぜ合わせる。

三、オーブン用の紙の四隅に切り目を斜めに入れ、天板に敷き入れる。**二**の生地を流し入れ、天板の底を机に軽く打ちつけ、表面を平らに整える。

四、160℃に温めたオーブンの中段で18分間焼く。180℃に温度を上げ、2分間焼く。表面に焼き色がつき、竹串を刺して抜いたときに竹串の先が乾いていれば焼き上がり。

五、オーブン用の紙をはがし、食べやすく切る。

冷やし卵羊羹《ようかん》

黒糖風味の卵入りようかん

卵と黒砂糖をぜいたくに使った滋養たっぷりの和風ひんやりスイーツ。喉越しのよさも魅力です。

材料（作りやすい分量／流し缶［15×11cm］1台分）

A
- 卵—3コ
- 黒砂糖*—80g
- 酒—大さじ1

B
- 粉寒天—2g
- 水—カップ1½

*塊の場合は、粉状に砕いて細かくする。

◎用意する道具
・流し缶（約15×11cm）—1台

作り方

一、Aをボウルに入れ、よく混ぜる。

二、Bを小鍋に入れ、弱火にかける。混ぜながら、煮立ってから1〜2分間煮る。

三、寒天が完全に溶けたら、一を少しずつ加えながら混ぜ、白茶色を帯びるまで火を通す。（a）

四、三を水をくぐらせた流し缶に入れる。粗熱が取れたら冷蔵庫に入れる。

五、固まったら、取り出して食べやすく切る。

a

饅頭《まんじゅう》卵

チョコあん入りまんじゅう仕立て卵

ゆで卵をまんじゅうに見立てたデザート。あんにチョコレートを忍ばせて、現代風にしました。

材料（2人分）

固ゆで卵 — 2コ
A［こしあん（市販）— 50g
　板チョコレート（ビター／小さく割る）— 5g
　しょうゆ — 小さじ1/3
砂糖 — 50g
レモン汁 — 小さじ1/2
B［小麦粉 — 大さじ1
　水 — 大さじ1
サラダ油 — 少々

作り方

一、固ゆで卵は殻をむく。底になる卵白部分を縦に薄く切り取り、卵黄をスプーンの柄などで取り出す。

二、小鍋に砂糖、水カップ1/4を入れて中火にかけ、砂糖が溶けたらレモン汁を加えて煮立たせる。

三、**一**の中を水で洗い、ペーパータオルで水けを取る。**二**のシロップにくぐらせてから＊、ペーパータオルにふせて、汁けをきる。

＊卵くささをなくすため。

四、Aを耐熱の器に入れ、ラップをかけて電子レンジ（600W）に30秒間かける。混ぜて冷ます。**三**のゆで卵の切り口から、スプーンで詰める。

五、Bを混ぜ、切り口につける。フライパンにサラダ油をひいて中火にかけ、切り口を焼く。器に盛る。

（卵を識る その四）

卵の基礎知識

身近なのに意外と知らない卵のこと。ここでは、栄養や日々の料理に役立つ情報をまとめました。

◎栄養

卵は完全栄養食ともいわれますが、それは、ビタミンCと食物繊維以外の、体に必要な栄養素を豊富に含むとされるからです。1日に2個の卵を食べた場合、1日の必要量のうち、たんぱく質で約26％、ビタミンB_2とB_{12}で各約40％、亜鉛とリン、鉄で各約20％を摂取できるそう。抗酸化作用があり、生活習慣病の予防にも役立つといわれています。

しかも、消化吸収に優れ、さまざまな調理法に適しているのも魅力。かむ力が弱くなったり、体力が落ちたりしているときも頼れる栄養食品です。

◎色の違い

鶏卵の殻は、白や茶色、さらには薄緑色などのものも。この色の違いは、鶏の種類によるもので、栄養価は同じ。一般に褐色や黒っぽい色の羽毛の鶏は茶色の赤玉を、白い羽毛の鶏は白玉を産みます。

また、卵黄の色は飼料から移行した色素によるもので、濃いものが栄養価が高いわけではありません。現在市販されている卵の多くは無精卵ですが、どんな色の卵黄もひよこが生まれるのに必要な栄養分を同様に持っています。ちなみに、卵白にやや黄味がかっているのは、ビタミンB_2によるものです。

◎ 選び方

新しく、形がきれいな卵形で殻が丈夫、表面に傷やひびがなく、清潔なものを選びます。平成11年から賞味期限表示が義務化されていますが、これは卵を安心して「生食できる期限」です。賞味期限を過ぎた卵は、なるべく早く加熱調理（中心温度70℃以上で1分間以上加熱）してください。また、ひびが入ったものは賞味期限内でも必ず加熱調理して早めに食べましょう。

◎ 保存法

購入後はなるべく早く冷蔵庫（庫内10℃以下）へ。雑菌が繁殖しにくいので、パックのまま保存するのがおすすめです。また、殻の表面に汚れが残っている場合は、洗わずに拭き取ること。洗うと、殻にある穴から水と一緒に雑菌が入り込む場合があります。

◎ 大きさ

メスの鶏はふ化後、150日前後から卵を産み始めますが、成長するにつれ、大きな卵を産むようになります。また、鶏の種類や個体によっても卵の大きさに違いがあり、パックにサイズが表示されています。

※本書では特に表記がない場合はMサイズを使用しています。

サイズ	ラベル色	基準（鶏卵1個の重量）
LL	赤	70g以上76g未満
L	だいだい	64g以上70g未満
M	緑	58g以上64g未満
MS	青	52g以上58g未満
S	紫	46g以上52g未満
SS	茶	40g以上46g未満

八、ユニークな楽しみ方

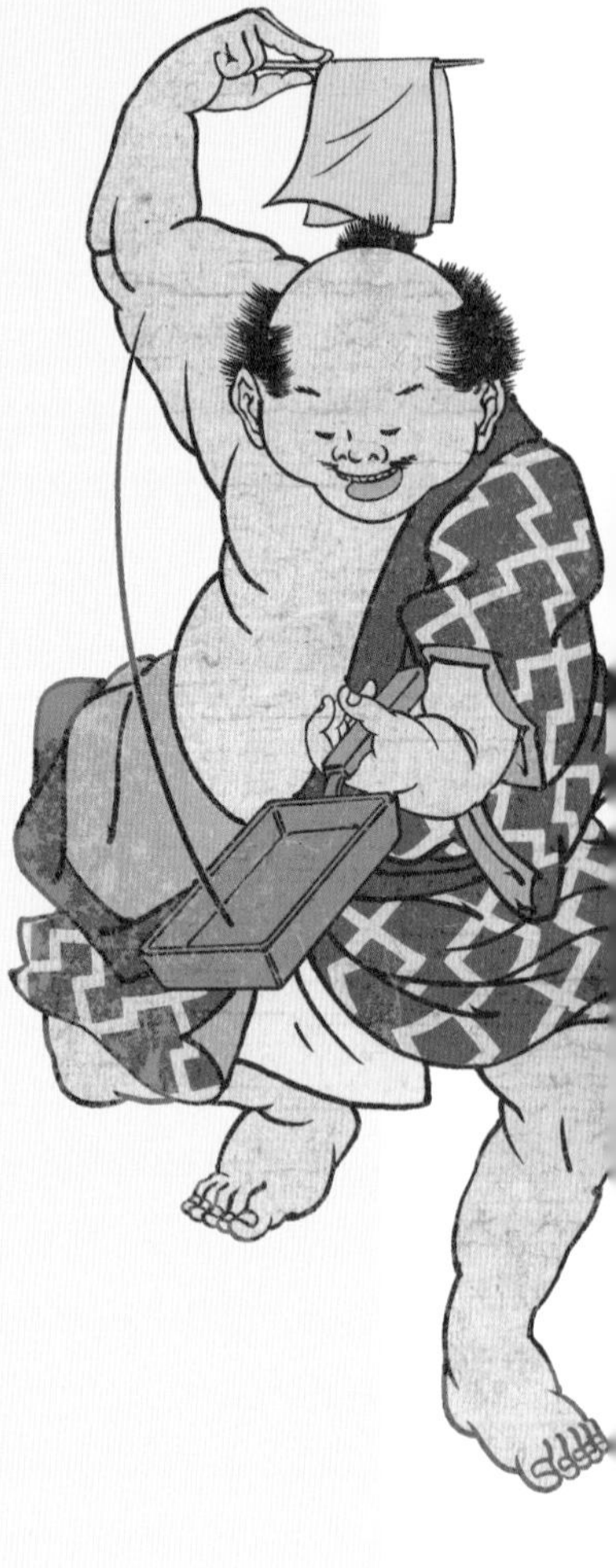

優しい味わいで、調理法によっていかようにも姿が変えられる卵。『卵百珍』にもユニークな卵料理がたくさん登場しています。「白髪《しらが》卵・五色《ごしき》卵・青海《せいがい》卵」は薄焼き卵に近く、卵白と卵黄の色を生かしたり、色づけしたりして仕上げます。原本では湯煎で加熱していますが、ここでは卵焼き器を使います。「粕漬《かすづけ》卵」は、ゆで卵をかす床に漬けたもの。原本には、生の卵を殻ごとかす床に漬け、ゆでる「卵の蜜漬《みつづけ》」なる珍品も紹介されています。

『卵百珍』原本にみる

「白髪《しらが》卵」

一、是《これ》も卵の白味《しろみ》を前段のことくによくこし、右のなべにて湯たきにすへし。遣《つか》ひやう前に同し。

「五色《ごしき》卵」

一、是も前段のことくに色を合《あは》セ、(中略)箱入蒸《はこいれむし》にすへし。又卵焼《たまごやき》のなべにても能《よく》やくもよし。

「青海《せいがい》卵」

一、是も卵のしろみに青菜のこま〱の汁をとり、右の白味に合《あは》すへし。いづれも前に同し。

現代語訳

◎白髪卵　これも、前の項*1のように卵の白身を半紙*2でよくこし、水仙鍋《すいせん》*3で湯煎にする。使い方は前の項*4と同じ。

◎五色卵　これも前の項*5のように、色を合わせる。(中略)箱入れ蒸し*6にする。また、卵焼きの鍋でよく焼くのもよい。

◎青海卵　青菜を細々に刻んで絞った汁を、卵の白身に混ぜ合わせる。いずれも前の項*7と同じ。

*1　かもじ卵→銀糸卵→金糸卵の作り方にならう。
*2　こうぞが原料の薄く柔らかな和紙を半分に切ったもの。
*3　湯煎用のつるつきの底の平たい角鍋。
*4　同様に金糸卵にならう。よく冷まし、巻いて薄く小口切りにする。
*5　糸組卵。糸を何色か卵で作り、盛り合わせる。白・赤・黄・緑・黒の五色が基本。
*6　流し箱に入れて蒸すこと。
*7　紅焼卵→五色卵と同じ。

白髪《しらが》卵・五色《ごしき》卵・青海《せいがい》卵

白・黄・緑の薄焼き卵

白髪卵は卵白だけの薄焼き卵。五色卵は、五色のうち黄を卵黄だけの薄焼き卵で表現。青海卵は原本の小松菜の汁の代わりに粉末の青汁を使いました。椀種《わんだね》やちらしずしの具にしたり、大根おろしとあえ物にしたりと活用できます。

材料（作りやすい分量）

白髪卵
- 卵白―3コ分
- 塩―1つまみ
- 砂糖―1つまみ

五色卵（黄）
- 卵黄―2コ分
- 水―小さじ1/2
- 塩―1つまみ
- 砂糖―1つまみ

青海卵
- 卵白―2コ分
- 青汁（粉末）―1袋（約3g）
- 塩―1つまみ
- 砂糖―1つまみ

サラダ油―適量

◎特に用意する道具
- ・ガーゼ―1枚
- ・卵焼き器（約18×13cm／表面加工のしてあるものが焼きやすい）
- ・竹串

作り方

◎白髪卵

一、卵白をガーゼで包み、軽く絞ったり、菜箸でしごくなどしてボウルにこし入れる。塩、砂糖を加えて混ぜる。

二、卵焼き器にサラダ油を薄くひいて、弱めの中火にかけ、余分な油をペーパータオルでサッと拭く。**一**の卵液を1滴落としてすぐに固まるようになったら、卵焼き器を手前に傾けて**一**の1/2量を流し入れ、奥に流し、全体に広げる。

三、表面が乾いたら、竹串で周囲をはがし、横から差し入れて持ち上げ、返す。裏面をサッと焼いてペーパータオルの上に取り出す。残りも同様に焼く。冷めたら、好みに切り分ける。

◎五色卵（黄）

一、小さめのボウルに卵黄を入れて溶き、水、塩、砂糖を加えて混ぜる。

二、「白髪卵」の**二**、**三**と同様に、ただし、一度に全量を焼いて、切る。

◎青海卵

一、卵白をガーゼで包み、軽く絞ったり、菜箸でしごくなどしてボウルにこし入れる。青汁、塩、砂糖を加えて混ぜる。

二、「白髪卵」の**二**、**三**と同様に焼いて、切る。

粕《かす》漬《づけ》卵

白みそかす床漬け卵

ゆで卵をかす床に漬けるだけ。簡単ですが、味わい深い一品です。漬けてから二日後が食べ頃です。

材料（2人分）

卵＊ — 2コ

A 酒かす（練りかす）— 100g
白みそ — 100g
練りがらし — 小さじ2

◎特に用意する道具

・ジッパー付き保存袋、またはふた付きの保存容器

・エッグスライサー

＊常温に戻しておく。できれば、その後、水に約1時間浸す。

作り方

一、卵は69ページと同様のゆで方で、沸いてから6分間加熱して卵黄の中心が柔らかいゆで卵＊を作り、殻をむく。

＊好みのゆで加減でよい（73ページ参照）。

二、ボウルにAを入れてへらでよく練って混ぜ、かす床を作る。ジッパー付き保存袋かふた付きの保存容器に入れる。

三、一の半熟卵の水けをペーパータオルで拭き、二に入れてかす床で覆うようにする。冷蔵庫に入れ、2日間おく。

四、卵を取り出して表面のかす床＊1を手で除き、エッグスライサーなどで切る＊2。

＊1 かす床は3〜4回使用できるが、野菜など生で食べるものは避け、肉や魚介など加熱して食べる食材を漬ける。肉や魚介を漬ける場合は、食材に塩適量をふってなじませ、水けをある程度除いてから漬けるとよい。

＊2 ゆで加減にもよるが、包丁で横に切るなど、好みの切り方でよい。

『豆腐百珍』『卵百珍』一覧

［豆腐編］

1　木の芽田楽

2　雉子《きじ》やき田楽

3　あらかね豆腐

4　むすびとうふ

5　ハンペン豆腐　↓p31、34

ながいもをよくすり、豆腐、水をしぼりて等分によくすりまぜ、まろくとり、みの紙に包みて湯烹《ゆに》す。白玉とうふともいふ。

◉現代語訳／長芋をよくすって、豆腐は水けを絞って、同量をよくすり混ぜて、丸く取り、美濃紙＊に包んで湯煮する。白玉豆腐ともいう。

＊美濃国（岐阜県）産の和紙。厚くて丈夫。

6　高津《かうづ》湯とうふ

7　草《さう》の八杯《はちはい》とうふ

8　草《さう》のケンチヱン

9　霰《あられ》豆腐　↓p59～61

◉再現例

さいの目に切った豆腐の角が、竹ざるの網目でこすれて落ちることで丸くなる。作り方の詳細は61ページ参照。

10　雷とうふ　↓p17～19

◉再現例

木綿豆腐のしょうゆ炒め。ぶつ切りの白ねぎ、鬼おろしで粗くおろした大根、おろしわさびを加える。

11　再炙《ふたゝび》田楽　↓p11、14

七九阿漕《あこぎ》でんがくの下《ところ》に出たり。

↓油を用ひず、醬油のつけ炙《やき》にして、少し乾《かはか》し、再び味噌《みそ》をつけて炙《やく》也。炙調《やきかげん》だいじ也。両炙《りやうはう》ともやきすごすべからず。是《これ》を再炙《ふたゝび》田楽といふ。

◉現代語訳／79品目の「阿漕《あこぎ》でんがく」の箇所に出てくる。

↓油を用いず、しょうゆのつけ焼きにして少し乾かし、みそをつけて焼く。焼き加減が大事である。両方とも焼きすぎてはいけない。これを再《ふたたび》炙田楽という。

12　凍豆腐《こゞり》　→p53～54

◉再現例

当時の豆腐は大きかったので、木綿豆腐を3等分にした。黄色いのは虫食いを防ぐため、ゆで湯にくちなしを用いたから。一晩寒風にさらして、翌日使うことも可能（次項の「速成凍豆腐《はやこゞり》」）。

13　速成凍豆腐《はやこゞり》

14　すり流し豆腐

15　おし豆腐　→p53、55

布に包み、板を斜にして並べのせ、つぶれぬほどの圧石《おもし》をかけ、よく水気をしぼり、生《き》醤油・酒《さか》しほ等分ニて煮染《にしめ》、小口切《こくちきり》にす。

◉現代語訳／（豆腐を）布に包んで、まな板を斜めにしてその上にのせ、つぶれてしまわないほどのおもしをのせ、よく水けを絞る。生しょうゆと酒塩（→p11）を同割で入れて煮しめ、小口切りにする。

16　金砂《すなご》とうふ　→p45

17　ぶつかけ温飩《うどん》とうふ

18　しき味曾《みそ》とうふ

19　ヒリヤウヅ　→p37、42～43

豆腐、水をしぼり、よくすり、葛《くず》の粉つなぎに入れ、加《か》料《やく》に、皮牛蒡《かはごぼう》の針、銀杏《ぎんなん》、木耳《きくらげ》、麻子《をのみ》、又《また》、小骰《さい》ものには、やき栗子《くり》か、慈姑《くわい》か、一品入るへし。加料を油ニて炒《ゐり》つけ、麻子は後に入れ、とうふに包み、大小宜《よろし》きに随ひ、又《また》、油にて煠《あぐる》也。又、麪粉《うどんのこ》ころもにかくる、尤《もっとも》よし。

◉現代語訳／豆腐は水けを絞り、よくすって、くず粉をつなぎに入れて、薬味に皮ごぼうをごく細いせん切りにしたもの、ぎんなん、きくらげ、麻の実を入れる。また、小さなさいの目に切るものには、焼きぐりかくわいを入れるのがよい。薬味は油で炒めるが、麻の実は後で入れ、豆腐で包み、好みの大きさに丸めて油で揚げる。このとき、小麦粉をかけるとよい。

20　濃醤《こくしやう》

21　ふはく豆腐　→p31～32

◉再現例
しっかり水きりした木綿豆腐と卵をすり鉢でよくすり、ふっくらした豆腐汁に。

22　松重《まつかさ》ねとうふ

23　梨子《なし》とうふ

24　墨染《すみぞめ》とうふ

25　豆乳《よせとうふ》

26　鶏卵様《たまごとうふ》　→p45、48～49

とうふをよく水をしぼり、葛粉《くず》をつなぎに入れ、よくすり、少しかためにし、胡蘿蔔《にんじん》しんなきよろしきを、まるむきにし、いかにもよく和《やは》らかに烹《に》て、右のすり豆腐にてまき包み、又《また》、竹のかわニてまきくゝり、瀹《ゆに》して、小口切《こくちきり》にす。

◉現代語訳／豆腐はよく水けを絞り、くず粉をつなぎに入れてよくすり、少し堅めにする。にんじんの芯がないよいものを丸むきにして、ごく柔らかく煮て、すった豆腐で巻き包み、それを竹の皮で巻いて湯煮し、小口切りにする。

27　炙《やき》豆腐　→p11、15

28　油煠《あげ》とうふ　→p37

29　軟《おぼろ》とうふ

30　絹ごし豆腐

31　油煠《あけ》田楽

32　玳瑁環《ちくわとうふ》

33　青菽乳《あをまめとうふ》

34　やつこ豆腐

35　葛《くず》田楽（祇園とうふなり）

36　赤みそのしき味曾《みそ》とうふ

37　なじみ豆腐　→p25～26

◉再現例
絹ごし豆腐をつけおくことで、味がよくなじむ。ねぎ、青とうがらしは、はけでごま油を塗り、網焼きした。

38　苞《つと》とうふ　→p45〜47

◉再現例
豆腐は固く水きりし、ギュッと絞ってから用いる。甘酒と混ぜ、直径5㎝くらいの棒状にしてわらつとで巻き、蒸し器で10分間蒸した。しいたけやにんじんなどと煮物に。

39　今出川《いまでがは》とうふ

40　一種の黄檗《わうばく》とうふ

41　青海《せいがい》とうふ

42　浅茅《あさぢ》田楽

43　海膽《うに》田楽

44　雲かけ豆腐

45　線麪《せんめん》とうふ　→p59、62〜63

よくすり、濾《こし》て、鶏卵白《たまごのしろみ》つなぎに入れて、みの紙を板の上にしき、豆腐を割刀《はうてう》にて、うすくむらなきやうに、のべしき、湯玉のたつ沸湯《にゑゆ》を、かけとほす也。さて、水につけ、とり出し、いかにも細く切る也。

◉現代語訳／（豆腐を）よくすってこし、卵の白身をつなぎとして入れる。美濃紙（→5ハンペン豆腐）をまな板の上に敷き、豆腐を包丁で薄く、むらにならないようにのばし、沸騰させた湯をまんべんなくかける。水につけて冷やし、取り出してごく細く切る。

46　稭《しべ》とうふ

47　薯蕷《いも》かけ豆腐

48　砕《くだき》とうふ　→p17、21

一〇雷とうふの下《ところ》に出たり。
↓豆腐、水をしぼり、よくつかみくづし、青菜を微塵《みぢん》に刻《きざ》み、とうふと等分にして、油をよく煮たゝせ、先とうふを入れ、よくかきまわし、次に青菜を入れ、又《また》、よく攪《かきまは》し、醬油ニて味つくる也。十挺《てう》に油二合あまりの分量也。

◉現代語訳／10品目の「雷とうふ」の箇所に出てくる。

↓豆腐は水けを絞り、十分につかみくずす。青菜をみじん切りにし、豆腐と同量にしておく。油をよく煮立たせて、先に豆腐を入れてよくかき回し、次に青菜を入れ、またよくかき回す。(取り出して) しょうゆで味をつける。豆腐10丁に対して油2合 (３６０㎖) くらいの分量である。

49 備後《びんご》とうふ

50 小竹葉《おさゝ》とうふ

↓p25、27

焼《やき》たての豆腐を、つかみくづし、醬油の和調《あんばい》し、鶏卵《たまご》著《とぢ》にして、すり秦椒《さんしやう》ふる。

◉現代語訳／焼きたての豆腐をつかみ崩し、しょうゆで調味して卵とじにする。すりざんしょうをふる。

51 引《ひき》ずりとうふ

52 うづみ豆腐

53 釈迦《しやか》とうふ

54 瞿麦《なでしこ》とうふ

55 沙金《しやきん》とうふ

↓p25、28〜29

全《まる》油煠《あげ》にして、一方をきりそぎ、中《うち》を刳《くり》ぬき、内へ鳬《か》肉《も》・紅魚鱠《たいのきりみ》・木耳《きくらげ》・銀杏《ぎんなん》の加料《かやく》入、鶏卵《たまご》七分め入れ、くちを昆布か、かん瓢《ぺう》にてくゝり、酒烹《さかに》にして、すり秦椒《さんしやう》をく。

◉現代語訳／(豆腐を) 油で丸のまま揚げ、一方を切り削ぎ、中をくりぬく。その中にかも肉、たいの切り身、きくらげ、ぎんなんの具を入れ、卵を七分目ほどまで注ぎ、口を昆布かかんぴょうでくくり、酒煮にして、すりざんしょうを置く。

56 叩《たゝ》き豆腐

↓p37〜39

◉再現例

ふくさみそは、赤みそと白みその合わせみそ。現代の焼き豆腐は水分が多いのでしっかり水きりし、つなぎとしてくず粉を加えた。

57　賽蜆《しゞみもどき》　↓p37

58　玲瓏《こほり》とうふ　↓p59、64

干凝菜《かんてん》を煮ぬき、其《その》湯にて豆腐を烹《たき》しめ、さまし、つかふ。調味このみ随《しだ》ひ。

◉現代語訳／寒天を煮て、その湯で豆腐を煮て、冷まして用いる。調味は好みで。

59　浄饌《しやうじん》の海膽《うに》でんかく

60　繭《まゆ》でんがく

61　蓑《みの》でんがく

62　六方焦着《ろくはうやきめ》とうふ

63　茶《さ》れい菽乳《どうふ》

64　糟《ぬか》ゐり豆腐

65　賽香魚《あゆもどき》

66　小《を》倉《くら》とうふ

67　縐紗《ちりめん》とうふ

68　方《かく》ヒレウヅ

69　焙《ほいろ》とうふ

70　鹿子菽乳《かのこどうふ》　↓p45、50

水気をしぼり、よくすりて、煮すごさぬよろしき烹調《にかげん》の小豆を、まぜ合《あは》せ、よきほどにとりて、蒸す也。其《その》上《うへ》の調和は、好みに任すべし。

◉現代語訳／（豆腐は）水けを絞ってよくする。煮すぎずにちょうどよい煮加減の小豆を混ぜ合わせて、適量をとって蒸す。味付けは好みで。

71　うつし菽乳《どうふ》

72　冬至夜《とうや》とうふ

73　味曾漬《みそつけ》とうふ　↓p53、56

おしとうふを、みの紙に包み、味曾《みそ》に一夜つけをくなり。和調《てうみ》好みに随ふ。

◉現代語訳／おし豆腐（15おし豆腐。↓p55）を美濃紙（↓5ハンペン豆腐）に包み、みそに一晩漬ける。調味は好みで。

74　菽乳麪《どうふめん》　↓p17、20

かみなり豆腐の下に出たる砕《くだき》豆腐の如《ごと》くし、青菜の微《み》塵剉《ぢんきざみ》と、豆腐と等分に、油ニテ炒《ゐり》つけたるを、水を入れ、烹《に》て、索麪《そうめん》を少しこはめに瀹《ゆで》、よく洗ひをきたるを、うちこみ、醬油の和調《かげん》する也。

◉現代語訳／かみなり豆腐（10雷とうふ。↓p17～19）の下に出てくる砕豆腐（48砕とうふ。↓p21）のようにし、青菜のみじん切りと豆腐を同量、油で炒め、水を入れて煮る。そうめんを少し堅くゆでてよく洗ったものを入れ、しょうゆで味をつける。

75 藕根《はす》とうふ

76 光悦《くわうえつ》とうふ

77 真《しん》のケンチヱン ↓p37、40～41

壱挺《てう》を十二ほどに切《きり》、油にてさつと煠《あ》げ、壱ツを二片にわりて、細くきり、栗子《くり》・皮牛蒡《かはごぼう》を針にきり、木耳《きくらげ》・麪《ふ》筋・細くきり、芹《せり》みぢんに剉《きさ》み、もし芹なきときは、青菜を用ゆ。銀杏《ぎんなん》ふたつわりにし、七品　合《いろあはせ》て大約《おほよそ》壱升ばかりのかさに、油一合あまりの分量ニて、油よく沸《にたゝ》せ、先、銀杏・牛蒡・芹を入れ、炒《ゐり》つけ、次に木耳・ふ・豆腐・くりを入《いれ》、復《また》、うちかへしくして、豆油《しやうゆ》にて味つけ、さまし置《をく》。腐衣《ゆば》を水に浸し、板にひろけ、七品《いろ》の料《ぐ》をあつさ四、五分、まんべんにしきならべ、よく巻《まき》つけ、干瓢《かんぺう》にてくゝり、又《また》、巻とめ口に葛粉《くずこ》、水にてかたく溲《こね》たるを、ぬりつくるもよし。油にてよく煠《あ》げ、七、八分づゝに切る。尤《もつと》も、豆腐は油にて三次煠《みたびあぐ》るなり。ケンチヱン醋《す》にて用ゆ。

◉現代語訳／（豆腐は）1丁を12ほどに切り、油でさっと揚げ、一つを2片に割って細く切る。くりと皮ごぼうをごく細いせん切りにする。きくらげ、麩は細く切る。せりはみじんぎりにする。せりがないときは青菜を用いる。ぎんなんは二つに割る。これらの7品の具を合わせて1升ほどの量にし、これに対して油1合余りを分量とし、よく煮立たせて、先にぎんなん、ごぼう、せりをいれて炒め、次にきくらげ、麩、豆腐、くりを入れ、何回も返しながらしょうゆで味をつけて、冷ます。湯葉を水につけ、まな板に広げ、7品の具を厚さ4、5分（約1.5㎝）にまんべんなく敷き並べて、よく巻きつけてかんぴょうでくくる。巻き止めた口には水で堅くこねたくず粉を塗りつけてもよい。油でよく揚げて、7、8分（約2.3㎝）ずつに切る。豆腐は油で3回揚げることになる。ケンチェン酢*で食べる。

*けんちん酢。酢としょうゆを同量混ぜ、しぼったしょうが汁を加え、こす。

78 交趾《かうち》でんがく

79　阿漕《あこぎ》でんがく

80　鶏卵《たまご》でんがく　↓p11〜13

◉再現例

みその代わりに、卵液を塗って焼く。酢を入れるのは、卵を早く固めるため。

81　真《しん》の八杯《はちはい》とうふ

82　茶豆乳《ちやどうふ》

83　石焼《いしやき》とうふ

84　犂《からすき》やき

85　炒《ゐり》とうふ

86　煮熟《にぬき》とうふ

87　喫素《しやうじん》のにぬき豆乳《とうふ》

88　骨董乳《ごもくどうふ》

89　空蝉《うつせみ》とうふ

90　苗鰕菽乳《ゑびどうふ》　↓p31、33

生の苗鰕《ゑびざこ》を割刀《はうてう》にてたゝき、よく細末し、雷盆《すりばち》にてするはあしく、別にとうふをよくすりて、右のたゝき苗鰕を、よくまぜ合《あは》せ、一〇雷とうふの加料《かやく》を入れて、油熬《あぶらゐり》にして味つくる也。

◉現代語訳／生のえびを包丁でたたき、細かくする。すり鉢でするのはよくない。別に豆腐をよくすって右のえびとよく混ぜ合わせて、10品目の雷とうふの具（ざくざく切った白ねぎ、大根おろし、おろしわさび、もしくはすったさんしょう。↓p17）を入れ、油で炒って味付けする。

91　加須底羅《かすていら》乳《とうふ》

92　別山焼《べつさんやき》

93　包油煠《つゝみあげ》　↓p37

94　油煠《あげ》ながし

95　辣料《からみ》とうふ

［卵編］

14　山吹《やまふき》卵

15　黄味《きみ》返《かへ》し卵

16　花卵　→p75〜77

17　茶巾《ちやきん》卵

18　饅頭《まんぢう》卵　→p110、115

一、煎貫《にぬき》卵の上皮《うはかわ》をとり、卵《たま》の横の所をすこし立《たつ》にきり、中の黄味《きみ》を竹の串にてほり出しすて、扨右《さて》の跡へこし餡《あん》をいれ、扨切目《さてきりめ》入レし小口へ、生の白味《しろみ》をぬり、すこし遠火《とをひ》にて火とり、熱湯《あつゆ》へ暫《しはら》くつけてとり上ケ、かみにまき、手にて丸く〆《しめ》て、平〆《ひらめ》に押付《をしつくる》へし。しばらく其《その》まゝに、よく冷《さま》して、平《ひら》めの方をすこし焼目《やきめ》付るか、又文銭《またぶんせん》を焼《やき》て上に置《をく》かすれば、まんぢうのごとく。

◉現代語訳／ゆで卵の殻を取り、卵の横を少し縦に切り、中の黄身を竹の串で掘り出す。その中へこしあんを入れる。切り目を入れた小口には生の白身を塗り、遠火で少し火にあぶる。熱湯へしばらくつけて取り上げ、紙に巻いて手で丸く握りしめ、平たく押しつける。しばらくそのまま冷まし、平らのほうに少し焼き目を入れるか、文銭*を焼いて卵の上に置くかすると、まんじゅうのようになる。

*文字銭の略。「寛永通宝」を刻印した穴開き銭。

19　小豆餅《あつきもち》卵

20　角切《かくきり》卵　→p75

21　寄《よせ》卵

22　定家《ていか》卵

23　鶉《うつら》卵

24　唐秬《とうきび》卵

25　青世《あをよ》卵

26　利休《りきう》卵　→p67、72

一、是《これ》は白胡麻《しろごま》一合を、油をとり、よくすりて、さて、古酒五才ほど入れ、よくすり、此中《このなか》へ卵《たま》を十ヲわりこみ、よく〳〵とき合《あは》セ、是《これ》も箱か鉢に入レて蒸《むす》へし。

◉現代語訳／白ごま1合を油分をとり、よくする。そこへ古酒*を5勺（90㎖）ほど入れてさらにすり、その中へ卵10個を割り込み、十分に溶き混ぜる。これも箱か鉢に入れて蒸す。

*長期熟成した酒。

27 胡桃《くるみ》卵

28 源氏《げんじ》卵

29 家主貞良《かすてら》卵 ↓p110、113

一、上々大玉子《をゝたまご》を十八に、白砂糖百六十匁《もんめ》、うどんの粉《こ》八合入レ、右三品《みいろ》を、よくとき合《あは》セて、もじの切《きれ》か、布の目のあらきかに入レ、一へんしぼりて、さて大和《やまと》鍋か江戸鍋かの底へ、油をとくと引《ひき》、右のたまごをいれ、下へ火をよわくして、上に行灯《あんどう》の火皿《ひさら》をのせ、此中《このなか》へ灰を一重引《ひとへひく》。其上《そのうへ》に火を入レ、やくべし。

◉現代語訳／上等の大きい卵18個に白砂糖160匁（約600g）と小麦粉8合を混ぜてよく溶き、もじの布*1か目の粗い布に入れて、1回絞る。大和鍋*2か江戸鍋の底へ油をたっぷりと引いて先の卵を入れる。鍋の下の火は弱くし、鍋の上にはあんどんの火皿をのせ、灰を一重ひいてから火を入れて（鍋の上下から）焼く。

*1 麻糸で織った目の粗い布。かや地。

*2 上鍋、下鍋がちょうつがいでひとつになった鍋。

30 沫雪《あわゆき》卵

31 鳥煮込《とりのにごみ》卵 ↓p96〜99

32 卵素麪《たまごそうめん》 ↓p110〜112

33 卵蕎麦《たまごそば》

34 長崎《なかさき》ズヽヘイ

35 柚干《ゆべし》卵

36 蒸竹《むしたけ》卵

37 長崎油餅《なかさきあふらもち》卵 ↓p75、78

一、是《これ》は長崎にては家鴨《あひる》のたまごにてすれども、常のたまごにてもよし。尤《もつと》も大たまごがよし。扨《さて》たまを酒にて煎貫《にぬき》にし、此間《このあいた》に右油鍋に胡麻《こま》の油を能煎《よくにや》し、右玉を一寸割《ちよとわり》きずを付《つけ》、是《これ》も煎貫《にぬき》する間に、玉の割《わり》きずより、玉の身はぜ出《いづ》るとき、其《その》まゝ取《とり》あげて、殻《かは》をむきて、温飩《うどん》の粉《こ》に黒胡麻をすこし合《あは》セて、此《こ》の中へ、右の煎貫《にぬき》たまごをまぶし、扨《さて》あげあぶらにて上《あげ》ル。

◉現代語訳／長崎ではあひるの卵でつくるが、普通の卵でもよい。もちろん大きい卵がよい。卵を酒でゆで、この間に油鍋にごま油をよく煮立たせる。先の卵をちょっと割って傷をつける。卵をゆでる間に卵の傷から中身がはじき出てきたら、そのまま取り上げて殻をむく。小麦粉に黒ごまを少し混ぜて、これをゆで卵にまぶし、揚げ油で揚げる。

38　干葉《ひば》卵

39　糟漬《かすつけ》卵　↓p118、122

一、冬より春までの酒の糟《かす》を、酒すこし入レてよくねり合《あは》セて、たまごの煎貫《にぬき》を、あつき内《うち》に殻《かわ》をさり、すぐに右の糟の中へ入レ、よく押《をし》つけて漬《つけ》るへし。凡《をよそ》二日ほど漬《つけ》て。［中略］但《たゞ》し冷《さま》して右の糟に漬《つく》れは一ケ月ほど持《もつ》へし。又生漬《またなまつけ》は新しきたまごを右の糟に漬《つく》れば、十五日ほどして取出《とりだ》し、煎貫《にぬき》にする也。是《これ》は卵の蜜漬《みつづけ》といふ。

◉現代語訳／冬から春までの酒のかすに、酒を少し混ぜてよく練り合わせる。卵をゆで、熱いうちに殻をむき、すぐにかすの中に入れ、よく押しつけて2日ほど漬ける。［中略］冷ましてからかすに漬ければ、1か月ほど保存できる。また、生漬けは新しい卵をかすに漬けて、15日ほどたってから取り出してゆでる。これを卵のみつ漬けという。

40　漉粉《こしこ》卵

41　卵味噌《たまごみそ》　↓p101

一、是《これ》は常の新しき卵を五ツほどわり、白味《しろみ》をのけ、黄味《きみ》ばかりを用ゆ。上々白味噌を壱合《いちがう》、よくすりて金《かね》水嚢《すいのう》の底にすりつけ、豆かすをとり、右の味噌に、古酒半合にてよくすりのべ合《あは》セ、これを炭火にて煎返《にかへ》し、さて此中《このなか》へ右の五ツの玉《たま》の黄味を其《その》まゝ入レて、小匕《こさじ》にてそろ〳〵とかきまわし、焦《こげ》ざるやうにして、扨《さて》爬毛《うこけ》の卵を白味黄味ともに入レてとくと煎《に》て、黒胡麻《くろごま》を一合炒《いり》てよくすり、此中《このなか》へ入レ、又《また》白ざとうを五拾目いれる。［中略］又鯛《またたい》の薄身を細《こまか》にきり、和《あへ》てよし。

◉現代語訳／新鮮な卵を5個ほど割り、黄身だけを使う。上等の白みそを1合、よくすって金属製のすいのうの底にすりつける（裏ごしする）。豆かすを取り除く。みそを古酒（↓26利休卵）半合（90㎖）でよくのばして混ぜ、炭火で煮返す。この中へ先の黄身5個分をそのまま入れ、焦がさないように小さじでそろそろとかき回す。さらにうこげ＊の卵を白身、黄身ともに入れ、じっくりと煮る。いった黒ごまを1合、白砂糖を50匁（約２００g）入れる。［中略］たいの薄身を細く切って和えるのもよい。

＊中国原産の鶏、うこっけい。

42　卵《たまご》田楽

43　卵煎餅《たまごせんべい》

44　卵安留平糖《たまごあるへいとう》

45 冷《ひや》し卵羊羹《たまごようかん》 ↓p110、114

一、是《これ》は大角《たいかく》の赤干藻《あかかんてん》一本を水につけ、ほとばかし、鍋にいれ、水二合入レて煎《にや》し、布にて一へん、はやくこし、又《また》鍋へ入レ、あつくして、たまご十《と》ゥをわり込《こみ》よく〳〵とき、是《これ》も布にてこし、扨《さて》右の中へ黒砂糖を五十匁《め》、酒すこし入レ、是《これ》も布にてこし、此二色《このふたいろ》をかんてんの鍋の中へ入ル。是《これ》もすこしずゝ小杓子《しゃくし》にて、そろ〳〵とかきまわし〳〵入レるなり。皆入レてより、又葛《またくす》粉をすこし水にてとき入レ、扨《さて》鍋をぬき、早く折《を》敷《しき》にてもうちあげ、平《ひら》めに延《のは》し、入レ物ともに水に入レ、冷《ひや》し遣《つか》ふ。

◉現代語訳／大きな角形の赤寒天1本を水につけてふやかし、鍋に水2合（360㎖）を入れて煮溶かす。布で手早く一度こし、再び鍋に入れて熱くする。卵10個を割り、よく溶いてこれも布でこす。この中へ黒砂糖50匁（約200g）と酒を少し入れ、布でこしてから寒天の鍋へ入れる。これも少しずつ小さなしゃくしで、そろそろと静かにかき回しながら混ぜる。全部混ぜてからくず粉を少し水で溶いて入れる。そして、鍋からあげて手早く折敷にでも広げ、平らめにのばし、入れ物ごと水に冷やして使う。

---

46 松風《まつかせ》卵

47 甘露《かんろ》卵

48 粽《ちまき》卵

49 野煎《のに》卵 ↓p100

一、七度焼《しちどやき》の土器《かわらけ》をそのまゝ火にかけ、たまごを三ツほどわりて、よくとき、右のかわらけの中へ入レ、扨《さて》椒芽《きのめ》をすこし、こま〴〵にきり入レ、冬なれば芹《せり》のぢく、春は松のみどりを衣《ころも》と皮とをさりて、こま〴〵にして入ル。一段と風味よろしきかな。又魚鳥《またうをとり》をも入レてよし。

◉現代語訳／七度焼きのかわらけ*をそのまま火にかけ、卵3個を割ってよく溶き、かわらけの中に入れる。木の芽を少し細かに刻んで入れる。冬ならせりの茎、春なら松の若葉を衣と皮を取り除いて細かに刻んで入れると、一段と風味がよい。また、魚や鳥の肉も（細かに刻んで）入れてよい。

*幾度も焼き締めた硬い素焼きの陶器。

50 卵豆腐 ↓p93

一、是《これ》は朧《おほろ》豆腐を布の袋へいれ、しばらく釣《つり》をけば、水雫《しつく》とれしとき、たまこを七ツ新しきをわり、白味《しろみ》をとり、黄味《きみ》はのけて用ひす。扨又《さてまた》三ツ玉《たま》をわりこみ、摺鉢《すりばち》へ入レ、よく〳〵すりて、此中《このなか》へ右の玉をすこしつゝ入レすり合《あは》セ、美琳《みりん》酒を半合入レ、とくとよくすり合《あは》セ、扨《さて》箱にても鉢にても入《いれ》、むすへし。

◉現代語訳／おぼろ豆腐＊1を布の袋に入れ、しばらくつっておくと水分が滴となってたれる。その滴がきれたら、すり鉢に入れる。新鮮な卵を7個割り、黄身はよけて白身だけを取り分ける。別に卵を3個割り込み、すり鉢へ入れてよくする。この中へ卵の白身を少しずつ入れてすり合わせ、みりん酒＊2を半合（90㎖）入れて、さらにじっくりとすり混ぜ、箱か鉢に入れて蒸す。

＊1 固まりかけた豆腐。くみ豆腐ともいう。

＊2 焼酎と米こうじ、蒸したもち米で醸す甘味料。もともとは飲料で酸味があったが、江戸期に米こうじの割合が少なくなり、甘くなった。

51 小倉《おくら》名物《めいぶつ》卵餅《たまごもち》 ↓p107

一、この仕方《しかた》は、凡《およそ》餅を搗《つく》に、此《この》かせ、米五合もあれば上々白味噌《しろみそ》五十匁《もんめ》ほと入レ、右もちとよく搗合《つきあは》セ、古《こ》酒《しゆ》一盃《はい》入レ、是《これ》もよくつき合《あは》せて又《また》鉢にても入レむして、新しきたまご廿五《にじふご》ほとわり、よくとき合《あはせ》て、右の餅ずいふん蒸籠《せいろう》の中にてさめぬやうにして、餅をすこしづゝ茶碗《ちやわん》にいれ、右のたまごをかけてすくに出すべし。

◉現代語訳／およそ餅をつくのに量がもち米5合もあれば、上等の白みそ50匁（約200g）用意する。もち米を蒸して、つくときに白みそを混ぜる。古酒（↓26利休卵）も1杯入れ、これもよく混ぜ合わせ、鉢にでも入れて蒸す。新しい卵を25個割り、よく溶き混ぜる。餅がせいろの中で冷めないようにして、餅を少しずつちぎって茶碗《わん》に入れ、先の卵をかけてすぐに食膳に出す。

52 大《をゝ》苞《つと》卵

53 大《をゝ》煎《に》貫《ぬき》卵

54 酢《す》煎《に》卵

55 卵鰌《たまごどじやう》魚

56 卵花《うのはな》熬《いり》卵

57 磯菜《いそな》卵 ↓p92

一、此仕方《このしかた》は、鍋に湯を煎《にや》し、新しきたまごを白味黄《しろみき》味《み》ともにわりこみ、そのまゝにてゆがきて、扨浅草苔《さてあさくさのり》をかけ、別にのぞき猪口《ちよく》に山葵《わさび》しやうゆか、熬《いり》ざけかを入レて出すへし。

◉現代語訳／この作り方は鍋に湯を沸騰させ、新鮮な卵を白身、黄身ともに割り込み、そのまま湯がいて器に盛り、浅草のりの粉をかける。別にのぞきちょく*に、わさびじょうゆか、煎り酒（↓p83）かを入れて出す。

*そばつゆを入れる底の深い小鉢の類い。のぞきとも。

58 巻《まき》煎《に》卵

59 卵鱠《たまごなます》 ↓p82〜85

60 柿餻《かきづき》卵

61 時雨《しくれ》卵

62 梅仁《ばいにん》卵・求肥《ぎうひ》卵

63 長崎卵飛龍頭《ながさきたまごひりやうす》 ↓p102〜103

一、たまご凡十《をよそと》ゥほどをわり、あらくとゝき、扨《さて》まんぢうの粉《こ》を此中《このなか》へ小盃《こさかつき》に二はい入レ、加味《かやく》は木耳《きくらげ》の線きり、焼栗《やきくり》の賽《さい》きり、粒さんせう、黒ごま、雁《か》か、鴨《かも》か、鳩《はと》かを細作りにして入レ、箱か鉢かに入レ、むすべし。此間《このま》に胡麻《ごま》のあぶらを煎《にや》し、金《かね》の杓子《しやくし》にて、右むしたるたまごをすくいあげ、鍋へいれ、ざつと揚《あぐ》へし。

◉現代語訳／卵を10個ほど割り、ざっと溶く。この中へまんじゅうの粉*を小さかずきに2杯入れる。具はきくらげのせん切り、焼きぐりのさいの目切り、粒ざんしょう、黒ごま、かり、かも、はとのいずれかを細づくりにして入れ、箱か鉢に入れて蒸す。この間にごま油を煮立たせ、金属製のしゃくしで蒸した卵をすくい上げ、鍋へ入れてさっと揚げる。

*小麦粉。

64 一種卵鮓《ひといろたまごすし》 ↓p67、71

65 湯卵《ゆたまご》

一、家鴨《あひる》のたまごを三ツほどわり、鶏《にわとり》のたまの新しきを十《と》ゥほど又《また》わり合《あは》セ、よくときて、鍋に油を煎《にや》し、此《この》中《なか》へ上々葛《くす》の粉《こ》を小盃《こさかつき》に一はい半ほど、水にてとき入レ、古酒をもすこし入レ、右のたまご、ときてあるをさじにてすくい、一はいづゝ入レて、浮上《うきあが》るをわさび醤油《しやうゆ》にて。加味《かやく》は小皿に入レ出《いた》す。にんにくのこまく、松のみどりのこまく、割生姜《わりせうが》、其外《そのほか》見《み》合《あは》セ、かやくすへし。

◉現代語訳／あひるの卵を3個ほどと、新鮮な鶏卵を10個ほど割り、よく溶いて混ぜる。鍋には油を煮立たせておく。上等のくず粉を小さかずきに1杯半ほど水で溶いて卵の中に入れ、古酒（↓26利休卵）も少したらす。このとき、卵をさじですくい、1杯ずつ鍋に入れて浮き上がってくるのをわさびじょうゆで食べる。薬味は小皿に入れて出す。刻みにんにく、刻み松の若葉、割りしょうが、そのほか見計らって薬味にする。

66 糟漬《かすつけ》卵

67 熬貫《にぬき》卵《たまご》葛掛《くずかけ》 ↓p67〜69

68 卵三盃漬《たまごさんばいつけ》

69 金平糖《きんへいとう》卵

70 丸雪《まるゆき》卵

71 緑《みどり》卵

72 一種手取鶉焼《いつしゆてとりうつらやき》卵

73 六角熬貫《ろくかくにぬき》卵 ↓p75

74 芋掛《いもかけ》卵

75 麦飯《ばくはん》卵 ↓p104〜106

76 卵海胆《たまごうに》田楽

77 松茸煎込《まつだけにこみ》卵 ↓p87

一、秋の出盛《でさかり》の松茸《まつたけ》の中開《ちうひらき》の茸《たけ》を、ぢくを皆《みな》きりとり、皮はそのまゝにして炭火にかけ、のけに掛《かけ》て焼《やき》うちに、たまごをわり、よくとき、右の茸《たけ》の笠《かさ》の中へ流し込焼《こみやく》べし。尤《もつと》もたまを、すこしづゝ、度《たび》〳〵に入レてよし。

◉**現代語訳**／秋、出盛りの中開きのまつたけを、軸をすべて切り取る。皮をつけたまま、かさをあおむけにして炭火で焼く。卵を割ってよく溶き、まつたけのかさの中へ流し込んで焼く。卵を少しずつ、数回に分けて入れるとよい。

---

78 筍煎入《たけのこにこみ》卵

79 牛房煎圍《ごほういこみ》

80 海苔巻《のりまき》卵 ↓p88〜91

81 卵の香物《かうのもの》

82 卵蒲鉾《たまこかまぼこ》

83 卵山吹蒲鉾《たまごやまぶきかまほこ》

84 加味丁子焼《かやくちやうじやき》卵 ↓p75、79

一、肉桂《につけい》を一両《いちりやう》ほど粉《こ》にして、たまごを五ツほど、割《わり》こみ、右二品《ふたいろ》を、よく〳〵とき合《あは》せて、加味《かやく》は趣向《おもわく》次第に入レ、すこし醤油《しやうゆ》をいれ、塩は遣《つか》ふべからず。

◉**現代語訳**／肉けい（シナモン）を1両（約15g）ほど粉にして、卵を5個割り込む。2品をよく溶き混ぜ、薬味は好みのものを入れる。しょうゆを少し入れ、塩は使ってはならない。

85 卵白粥《たまごしらかゆ》

86 牡丹卵《ぼたん》 →p75、80

一、是《これ》は鍋に湯を煎《わか》しをき、新しきたまごを半紙二枚かさねて、この中へわりこみ、是《これ》も乱《みたれ》ぬやうニして、一ツづゝ紙に包みて、此中《このなか》へ黒胡麻《くろこま》をすこし入レ、かみの口をねじてこよりにて括《くゝ》りて、右の湯の中へいれ、ゆでよくゆかきて水へ入レ、右のかみを取《とり》はなし、酒だしをこしらへ、右のたまこを入レ、鍋のふたをとり焚《たく》へし。扨《さて》小皿か茶わんかに入レ、白砂糖かけて出《いた》す。但《たゝ》し又《また》茶わんにいれ、薄葛《うすくす》をかけ、上に青海苔《あをのり》の粉をかけいたすもよし。又《また》小皿に入レて、生醤油《きしやうゆ》をかけ、上に浅草《あさくさ》のりのこかけるもよし。

◉現代語訳／これは鍋に湯を沸かしておく。半紙（→p119）2枚を重ね、その中へ新しい卵を割り込み、黒ごまを少し入れ、こぼれないようにして一つずつ包む。紙の口をねじってこよりでしばり、湯の中へ入れる。ゆで加減よく湯がいて水へ入れ、紙を取り除く。酒だしをこしらえ、先の卵を入れ、鍋のふたを取って煮る。小皿か茶碗に入れ、白砂糖をかけて出す。あるいは茶碗にうすくず*をかけ、上に青のりをかけて出すのもよい。小皿に入れて生じょうゆをかけ、上に浅草のりの粉をかけるのもよい。

*うすくずあん。→p67

87 杉焼卵《すきやき》

88 包蒸卵《つゝみむし》 →p86

一、大こんはのくきか、但《たゞ》しなくきかを、其《その》まゝ、こま〲にきり、漬汁其《つけしるその》まゝにて、黒胡麻《くろごま》を炒《いり》て入レ、せうがをおろしてすこし入レ、扨《さて》鍋に入《いれ》、炭火にて熬《いる》べし。右のくき、よく煎《にへ》しとき、新しきたまごを一ツ宛《づゝ》わりこみ、右くきにて、たまごをつゝみて、炭火をあまりきつうはあしく、半時《はんとき》ばかり煮《に》てよし。扨《さて》中皿か茶わんかに、すこしくきを入レ、右の玉子をおき、又其上《またそのうへ》にくきをおき、いだすへし。

◉現代語訳／大根の葉の茎か、ほかの菜の茎をそのまま細かく切る。漬け汁*はそのまま、黒ごまをいって混ぜ、しょうがをおろして少し混ぜ、それらを鍋に入れ、炭火で煮る。茎がよく煮えたら、新しい卵を一つずつ割り込み、茎で卵を包む。炭火があまり強いのはよくない。1時間ほど煮込む。中皿か茶碗に、まず茎を少し入れ、次に先の卵を置き、その上に再び茎を置いて出す。

*酒としょうゆを同割にしたもの。

89　冬葱蒸卵《ふゆねぎむし》

90　豆腐粕蒸卵《とうふのかすむし》　→p94

一、豆腐の粕《かす》を醬油《しやうゆ》に熬《いり》て、此中《このなか》へ加味《かやく》、ちんひのこまく、山椒《さんせう》こまく、扨《さて》胡麻《こま》の油を鍋に煎《にや》し、此上《このうへ》へたまごをわりこみ、ざつと揚《あけ》てすくに右の粕《かす》の中へいれ、むすべし。

◉現代語訳／豆腐のかす*をしょうゆでいり、この中へ細かに刻んだ陳皮《ちんぴ》やさんしょうなどの薬味を混ぜる。鍋にごま油を煮立たせ、卵を割り込み、ざっと揚げてすぐに豆腐のかすの中に入れて蒸す。

*おからのこと。

91　卵甘酒漬《たまごあまさけつけ》

92　卵潮煮《たまこうしをに》　→p67、70

一、昆布の溏油《たし》をこしらへ、焼塩《やきしほ》にて加減し、外《ほか》の鍋へ湯を煎《わか》し、たまごを一ツ宛《つゝ》わりこみ、湯がきて、丼に温酒《あたゝめさけ》を入レ、此中《このなか》へ右のたまごを一寸漬《ちよとつけ》て、あみ杓子《しやくし》にてとり上ヶ、器に入レ、右の溏油《だし》汁を入レて出《いた》すへし。

◉現代語訳／昆布のだしをこしらえ、焼き塩で味を加減する。別の鍋に湯を煮立たせ、卵を一つずつ割り込み、湯がく。丼に温めた酒を入れ、この中へ先の卵をちょっと漬け、網じゃくしで取り上げて器に入れ、先のだし汁を入れて出す。

93　鯟鯑卵和《かずのこたまこあへ》

94　卵糝《たまござうすい》　→p109

一、白米五合《ごんかう》ほど、よくかして、扨《さて》上々白味噌《しろみそ》汁をすこし薄めにたて、見《み》合に加減して煎《にる》へし。此中《このなか》へいれるたまごは、右ざうすい、八分目に煎《にへ》し時、たまごをとかず、上々新しき玉《たま》をわり入レ、黄味《きみ》のつぶれざるやうにすへし。加味《かやく》には、焼栗《やきくり》二ツわりにして入レるか、又《また》牛房《ごぼう》小口切《こくちきり》、うすくして入ルもよし。扨《さて》人数《にんじゆ》相応に、玉《たま》は丸《まる》ながら一ツづゝ入レて、火を引《ひき》よく、うまして出《た》すへし。

◉現代語訳／白米5合ほどを十分に水に浸す。上等の白みそを少し薄めに仕立て、味加減よく煮る。ぞうすいが八分目ほど煮えたら、新鮮な卵を黄身がつぶれないようにして割り入れる。薬味には焼きぐりを二つ割りにして入れるか、ごぼうを薄く小口切りにして入れるのもよい。人数相応に、卵は丸のまま、一つずつ入れて、火を引き、よくうまし*て出す。

*蒸らして味をよくなれさせること。

95 薬卵汁《くすりたまこしる》

96 卵鱲和《たまころうあへ》

97 卵《たまご》麁暮露《そぼろ》和《あへ》

98 紫蘇漬《しそつけ》卵

99 漉粉《こしこ》卵善哉《たまごぜんざい》

100 芋巻卵《いもまきたまご》

101 卵《たまご》ケルセル ↓p108

102 饂麦卵〆《ひきわりむきたまこしめ》

一、大麦をよく搗貫《つきぬき》、さて石臼にて引《ひき》わり、中〆《ちうしめ》のふるいにてふるひ、落粉《おちこ》は去り、小米《こごめ》のやうなるを、米かすごとくに、かして、飯のごとく焚《たき》て、しばらくして水にてざつと洗ひ、扨《さて》昆布のだしをこしらへ、すこし冷《さま》し、汁椀《しるわん》に、だし一はいにたまご一ツづゝの積《つも》りにして、よく〳〵とき合《あは》セ、是《これ》に右わり麦を半分ほど入レ、釜に入レむすべし。汁はすまし汁にて、又醬油《またしやうゆ》しるのとろゝ汁なれば、一段とよろし。

◉現代語訳／大麦をよくつき、石臼でひき割り、中しめ*1のふるいでふるい、落ち粉を落とし、小米*2のようになったものを、米をとぐようにといで飯に炊く。しばらくして水でさっと洗う。昆布のだしをこしらえ、少し冷ます。汁碗にだし一杯に卵一つずつの割で、よく溶き混ぜ、これに先のひき割り麦を半分ほど入れ、釜に入れて蒸す。汁はすまし汁にする。しょうゆ汁のとろろ汁ならば一段とよい。

*1 やや目の粗い粉ふるい。

*2 精米の際にくだけた米。

103 卵殻共《たまごかはども》に切《きる》

参考文献・データ

◎吉井始子 編『翻刻 江戸時代料理本集成』第五巻（臨川書店）
◎原田信男 校註・解説『料理百珍集』（八坂書房）
◎豆腐検定検討委員会 監修『豆腐読本』（一般財団法人 全国豆腐連合会）
◎青山 隆 著『豆腐入門』（日本食糧新聞社）
◎福田 浩 訳『豆腐百珍』（教育社新書〈原本現代訳〉）
◎一般財団法人 全国豆腐連合会ホームページ
http://www.zentoren.jp/
◎日本豆腐協会ホームページ
http://www.tofu-as.com/
◎奥村彪生 訳『万宝料理秘密箱』（教育社新書〈原本現代訳〉）
◎奥村彪生 著『万宝料理秘密箱』（ニュートンプレス）
◎池上文雄 加藤光敏 河野 博 三浦理代 山本謙治 監修、
ＮＨＫ出版 編『ＮＨＫ出版 からだのための食材大全』（ＮＨＫ出版）
◎日本卵業協会ホームページ
http://www.nichirankyo.or.jp/
◎日本養鶏協会ホームページ
https://www.jpa.or.jp/
◎ＪＡ全農たまご株式会社ホームページ
http://www.jz-tamago.co.jp/

装丁・本文デザイン	野本奈保子（ノモグラム）
撮影	三村健二
イラスト	雉○（Kiji-Maru Works）
スタイリング	四分一亜紀
校正	ケイズオフィス
DTP	ドルフィン
協力	遠藤綾子
進行アシスタント	丸山秀子
編集	板垣 崇（NHK 出版）
取材協力	青山 隆（青山とうふ研究所／㈱いづみや 一般財団法人 全国豆腐連合会相談役）
協力	NHK エデュケーショナル NHK エンタープライズ近畿

奥村彪生

（おくむら・あやお）

伝承料理研究家。1937年和歌山県生まれ。飛鳥・万葉時代から江戸、明治、大正、ならびに昭和の戦後まで、さまざまな料理を文献に基づいて研究し、再現している。また、日本国内はもとより、世界各地の伝統料理にも詳しく、フィールドワークも行ってきた。2009年、めんの研究で学術博士（美作大学・大学院）に。現在、大阪市立大学大学院生活科学研究科非常勤講師。『日本めん食文化の一三〇〇年』『日本料理とは何か　和食文化の源流と展開』（ともに農山漁村文化協会）など著書多数。

おいしくアレンジ！ まいにち使える江戸レシピ

奥村彪生の 豆腐百珍 卵百珍

2020 年 5 月 30 日　第 1 刷発行

著者　奥村彪生

発行者　森永公紀

発行所　NHK 出版

〒 150-8081 東京都渋谷区宇田川町 41-1

電話　0570-002-140（編集）

0570-000-321（注文）

ホームページ　http://www.nhk-book.co.jp

振替　00110-1-49701

印刷・製本　廣済堂

Printed in Japan

ISBN978-4-14-033307-5 C2077